Lélia Gonzalez

Sueli Carneiro

Lélia Gonzalez

Um retrato

Copyright © 2024 by Sueli Carneiro

Grafia atualizada segundo o Acordo Ortográfico da Língua Portuguesa de 1990, que entrou em vigor no Brasil em 2009.

Capa
Estúdio Daó

Imagem de capa
Acervo Lélia Gonzalez

Preparação
Carolina Falcão

Revisão
Angela das Neves
Adriana Moreira Pedro

Dados Internacionais de Catalogação na Publicação (CIP)
(Câmara Brasileira do Livro, SP, Brasil)

Carneiro, Sueli
    Lélia Gonzalez : Um retrato / Sueli Carneiro. — 1ª ed. — Rio de Janeiro : Zahar, 2024.

   ISBN 978-65-5979-192-7

   1. Ativistas políticas – Brasil – Biografia 2. Gonzalez, Lélia, 1935-1994 3. Negras – Brasil – Biografia I. Título.

24-218796   CDD-920.93224

Índice para catálogo sistemático:
1. Negras : Ativistas políticas : Biografia   920.93224

Cibele Maria Dias – Bibliotecária – CRB-8 / 9427   .

Todos os direitos desta edição reservados à
EDITORA SCHWARCZ S.A.
Praça Floriano, 19, sala 3001 — Cinelândia
20031-050 — Rio de Janeiro — RJ
Telefone: (21) 3993-7510
www.companhiadasletras.com.br
www.blogdacompanhia.com.br
facebook.com/editorazahar
instagram.com/editorazahar
x.com/editorazahar

Sumário

Nota de edição   7
Introdução   9

1. A estrela negra começa a brilhar   13

2. Feminismo, mulheridade e mulherismo:
   As amefricanas   37

3. A luta antirracista de Lélia Gonzalez   53

4. O Movimento Negro Unificado (MNU)   69

5. O internacionalismo: Do Brasil para o mundo   77

6. Lélia Gonzalez tomando partido   87

7. Abolição da escravatura: Cem ou sem anos?   99

8. Década de 1990: Como cangiraué, Lélia foi
   para o Orum   103

Epílogo: Lélia, a libertadora   109

Anexo: Carta de Lélia a seu irmão Francisco   117

Nota de edição

Lélia Gonzalez: Um retrato, de Sueli Carneiro, é uma versão adaptada do texto publicado originalmente na obra *Lélia Gonzalez: O feminismo negro no palco da história*, de 2014, como parte do Projeto Memória, fruto de uma parceria entre a Fundação Banco do Brasil e a Rede de Desenvolvimento Humano (Redeh), com edição de texto de Antonia Ceva, Paulo Barbosa Corrêa e Schuma Schumaher.

Introdução

> Nós negros estamos na lata do lixo da sociedade brasileira, pois assim determina a lógica da dominação [...]. Exatamente porque temos sido falados, infantilizados [...], que neste trabalho assumimos nossa própria fala. Ou seja, o lixo vai falar, e numa boa.[1]
>
> LÉLIA GONZALEZ

QUEM É ESSA MULHER NEGRA QUE, de maneira ousada, se dirige à sociedade brasileira dessa forma e nesses termos? De que lugar ela fala? Que discursos e práticas a sua fala questiona e desconstrói?

Tais questões nos levam à trajetória histórica de Lélia Gonzalez, intelectual criativa, feminista, ativista antirracista e militante em partidos políticos. Uma educadora,

---

1. Lélia Gonzalez, "Racismo e sexismo na cultura brasileira". In: *Por um feminismo afro-latino-americano*. Org. de Flavia Rios e Márcia Lima. Rio de Janeiro: Zahar, 2020, pp. 77-8.

filósofa, pós-graduada em comunicação que fez simultaneamente incursões acadêmicas nos terrenos da antropologia, psicanálise e sociologia. Lélia dominava o inglês, o francês e o espanhol, o que lhe permitiu também atuar como tradutora de diversas obras.

Uma mulher negra do mundo, que percorreu vários continentes, deixando, por onde passou, a marca de sua presença forte e pensamento inquietante sobre a sociedade brasileira, suas relações raciais e de gênero. Trouxe ainda para as agendas políticas e acadêmicas, nas quais estava engajada, as reflexões e os achados de seu incessante intercâmbio cultural.

Resgatar a memória de Lélia Gonzalez é, acima de tudo, assumir um compromisso político com a luta das mulheres negras do Brasil, com o avanço da compreensão das relações de gênero e com a observância efetiva dos direitos humanos. No plano acadêmico, implica expor a necessidade de interrogar as relações de poder mediadas pelas relações raciais e de gênero, temas ainda pouco explorados por nossa ciência política. É defender uma verdadeira concepção de democracia racial,[2]

---

2. "O mito da democracia racial, baseado na dupla mestiçagem, biológica e cultural, entre as três raças originárias, tem uma penetração muito profunda na sociedade brasileira: exalta a ideia de convivência harmoniosa entre os indivíduos de todas as camadas sociais e grupos

Introdução

fundada na igualdade entre negros e brancos, entre homens e mulheres, em benefício da justiça social para todos e todas.

étnicos, permitindo às elites dominantes dissimular as desigualdades e impedindo os membros das comunidades não brancas de terem consciência dos sutis mecanismos de exclusão do qual são vítimas na sociedade." Kabengele Munanga. *Rediscutindo a mestiçagem no Brasil: Identidade nacional versus identidade negra.* Belo Horizonte: Autêntica, 2019, p. 89.

1. A estrela negra começa a brilhar

LÉLIA DE ALMEIDA NASCEU no dia 1º de fevereiro de 1935, em Belo Horizonte, Minas Gerais. O sobrenome Gonzalez seria incorporado mais tarde, a partir da união matrimonial, em 1964, com Luiz Carlos Gonzalez.

Foi a penúltima filha de dezoito irmãos. Seu pai chamava-se Acácio Joaquim de Almeida, homem negro, chefe de ferrovia e nascido na Lei do Ventre Livre (promulgada em 1871). Sua mãe, Urcinda Seraphina de Almeida, nasceu no Espírito Santo em 29 de março de 1898. Era analfabeta, do lar e de ascendência indígena.

Dona Urcinda casou-se com seu Acácio aos treze anos de idade, contra a vontade da família, porque estava "prometida" para um italiano louro de olhos azuis, assim relatou sua sobrinha Roselívia, chamada por todos de guardiã da memória da família Almeida.[1]

Após o casamento, o casal permaneceu por algum tempo no Espírito Santo, onde nasceram seus primeiros filhos: Elisa (1913), futuramente cantora lírica e costureira da alta sociedade, e Francisco (1915), funcionário-chefe da Comlurb (Companhia Municipal de Limpeza Urbana). Em seguida, seu Acácio foi transferido para São Fidélis, na região norte do estado do Rio de Janeiro. Nesse município, às margens do rio Paraíba do Sul, nasceram alguns filhos e filhas: Cacilda (1917), carinhosamente chamada pelas sobrinhas e sobrinhos de Tia Caçula, uma mulher do lar; Alfredo (1919), mecânico, falecido na década de 1950; Jayme (1921), jogador de futebol do Flamengo; Bráulio (1923), que também faleceu jovem; e Acácio (1925), que integrou as forças brasileiras na Segunda Guerra Mundial, retornando com sequelas.

Já na cidade de São Paulo, onde esteve por um curtíssimo período, nasceu Nair (1927), que atuou como auxiliar de enfermagem e parteira em Petrópolis, Rio de Janeiro. Novamente, seu Acácio foi transferido e, numa breve tem-

---

1. Entrevista concedida por Roselívia Almeida a Antonia Ceva em 5 de maio de 2012, no Rio de Janeiro, para o Projeto Memória — Lélia Gonzalez: O feminismo negro no palco da história.

A estrela negra começa a brilhar

porada no Rio de Janeiro, nasceu Lígia (1929), do lar, que viria a ser a última a falecer, em 1998.

A década de 1930, considerada por muitos como uma das piores do século XX, começou com uma grande depressão e teve que conviver com uma sangrenta guerra mundial. No Brasil, a Revolução de 1930, que leva ao poder o líder gaúcho Getúlio Vargas, desencadeia vários movimentos contestatórios, entre eles a Revolução Constitucionalista, encabeçada por São Paulo, provocando a convocação da Assembleia Constituinte e, mais tarde, o início da ditadura Vargas.

Foi nesse cenário conturbado que a família seguiu para Belo Horizonte, onde a prole não parou de crescer. Nascem na capital mineira: Maria das Dores, a Dora (1931), do lar; Sebastião, o Tio Tião (1933), mais um jogador de futebol do Flamengo; Lélia (1935); e, por fim, Geraldo (1937), motorista que trabalhou para o governo do Paraná e morreu por lá.

No total, dona Urcinda engravidou dezoito vezes, mas perdeu cinco gestações ao longo desse processo. Seguindo os costumes da época e a compatibilidade com as condições financeiras do casal, todas as crianças nasceram em casa, com o auxílio de uma parteira.

Após o falecimento de seu Acácio — no início da década de 1940, assim que a família chegou ao Rio de Janeiro —, os irmãos maiores tornaram-se responsáveis pelo sustento da casa. Elisa, a mais velha das mulheres, cuidou de todos os irmãos e irmãs junto com a mãe, situação ainda vivenciada pelas camadas mais pobres da sociedade.

Lélia e as irmãs experimentaram na infância o modelo tradicional de criação, então dispensado às que eram do sexo feminino, em que os limites do mundo eram as paredes do lar. Aprendendo boas maneiras e as lidas domésticas, esperava-se por um casamento. A essa visão de mundo de dona Urcinda, comum na década de 1930, juntava-se a dificuldade financeira para dar conta de uma família numerosa. Justamente por isso, a escola, que para as meninas se restringia ao curso primário, acabava em segundo plano, especialmente quando a necessidade de trabalhar para ajudar no sustento da casa se impunha — o que não era raro. Lélia e Nair, porém, conseguiram fugir à dominação da mãe e seguiram seu próprio caminho.

Seios que alimentam possibilidades

Lélia enfrentou o modelo de exclusão social fortemente enraizado e, desafinando o coro do destino, levou adiante

Lélia em Belo Horizonte, matando as saudades da terra natal, em 1956. Acervo Lélia Gonzalez.

os estudos. Mas como uma criança negra, do sexo feminino, pobre, que se tornou órfã de pai e era filha de mãe analfabeta conseguiu isso? Além do esforço pessoal, quis o destino que, já na infância, alguns fatores se juntassem, abrindo novos caminhos. O primeiro deles é o fato de ter sido Lélia a penúltima filha num universo em que cabia aos irmãos mais velhos a responsabilidade pelo sustento da família. Ainda assim Lélia teve que enfrentar o batente, porém com mais flexibilidade.

A solidariedade sempre atenta de dona Urcinda levou-a a socorrer uma família italiana, cuja filha perdera a mãe no parto e necessitava de alguém para amamentá-la. O gesto estreitou ainda mais a relação entre as famílias e propiciou a Lélia estabelecer laços afetivos com eles. Como consequência dessa amizade, os italianos financiaram seus primeiros estudos ainda em Belo Horizonte,[2] um aspecto que a marcou profundamente e seria relembrado em diversas ocasiões.

Comentando sua trajetória educacional anos mais tarde, em entrevista a um jornal no Rio de Janeiro, diria Lélia:

---

2. Entrevista concedida por Eliane de Almeida a Antonia Ceva em 17 de outubro de 2011, no Rio de Janeiro, para o Projeto Memória — Lélia Gonzalez: O feminismo negro no palco da história.

A estrela negra começa a brilhar

Recordo perfeitamente que cada uma dava uma coisinha, uma irmã dava um sapatinho, outra dava uma meinha e outra fazia o uniforme etc. [...] Estudei com muita dificuldade. Os livros eram emprestados pelas colegas [...]. Eu ia estudar nas casas das amigas. Enfim, até chegar à universidade.[3]

Outro importante fator para a continuidade de seus estudos e o protagonismo de ter se tornado a única da casa a avançar além do ensino superior foi a vinda da família para o Rio de Janeiro, em 1942. Jayme de Almeida, irmão pelo qual Lélia tinha grande admiração, se destacara como jogador de futebol no Atlético Mineiro, sendo então convidado a atuar no carioca Clube de Regatas do Flamengo. Na cidade maravilhosa, foram morar, por pouco tempo, no Leblon, e Lélia iniciou seus estudos na Escola Municipal Manoel Cícero. Nessa breve temporada na Zona Sul, seu Acácio faleceu. Foi quando a família instalou-se no bairro de Ricardo de Albuquerque, no subúrbio.[4] O trem tornou-se então o principal veículo para o deslocamento

---

3. Lélia Gonzalez, "Movimento Negro: Direitos da Mulher", *O Pasquim*, n. 871, p. 9. Rio de Janeiro, 1986.
4. Entrevista concedida por Roselívia Almeida a Antonia Ceva em 5 de maio de 2012, no Rio de Janeiro, para o Projeto Memória — Lélia Gonzalez: O feminismo negro no palco da história.

de Lélia até o centro da cidade, onde se localizava a Escola Municipal Rivadávia Corrêa, na qual concluiu o curso ginasial em 1951.[5]

Uma época de mudanças e novidades para Lélia em muitos aspectos, mas não em todos. As dificuldades financeiras se apresentaram e foi preciso trabalhar. Assim, junto com os livros e tarefas escolares, Lélia conviveu, por algum tempo, com os afazeres de uma babá. Tomar conta de crianças e trabalhar como doméstica em casa de família era o cotidiano comum na vida de meninas negras, em grande maioria igualmente pobres.[6]

Guardando lembranças...

Por muitos anos, as páginas do diário pessoal de Lélia — que, não por acaso, trazia na capa a palavra "Lembranças" —[7] guardaram depoimentos de professoras e profes-

---

5. Ana Maria Felippe, *Lélia Gonzalez: Mulher negra na história do Brasil*. Rio de Janeiro: Amaivos, 2009.

6. Entrevista concedida por Rubens Rufino a Schuma Schumaher e Antonia Ceva em 20 de outubro de 2011, em Brasília, para o Projeto Memória — Lélia Gonzalez: O feminismo negro no palco da história.

7. Localizado no terreiro Ilê Oxum Apará (Itaguaí, RJ), Acervo Lélia Gonzalez, durante pesquisa de campo realizada no mês de agosto de 2011.

A estrela negra começa a brilhar

sores da Escola Rivadávia Corrêa reconhecendo e destacando seu empenho pessoal e seu potencial:

Lélia, a certeza do dever cumprido dá-nos uma parcela de felicidade. Que a bênção de Deus complete a ventura assegurada pelos seus dons intelectuais e morais são os votos da professora e amiga Mercedes Chaves (15 de dezembro de 1951).

Lélia, na nobreza dos seus sentimentos, na firmeza das suas convicções e nas qualidades privilegiadas da sua inteligência, você tem desde já um horizonte imenso para a conquista da vitória e da felicidade. Essas lhe virão e estou bem certa. Creia na amizade e na admiração da professora Lyvia, Escola Rivadávia (março de 1952).

Lélia, aqui lhe rendo homenagem pela sua dedicação aos estudos e pelos seus dotes excepcionais de inteligência, fazendo votos para que, com a ajuda de Deus, tenha um futuro brilhante e feliz, de que é [de] todo merecedora. O professor de geografia, Mário de Sousa Freitas (3 de dezembro de 1951).

Formatura do ginasial na Escola Municipal Rivadávia Corrêa. Rio de Janeiro, 1951. Acervo Lélia Gonzalez.

A estrela negra começa a brilhar

Roda-viva

Certamente Lélia precisou estudar muito para ultrapassar os muros do tradicional Colégio Pedro II, instituição consagrada e disputada por centenas de alunos e alunas que desejavam acessar o ensino superior. A conclusão do antigo curso científico, em 1954, foi o início de uma brilhante trajetória levada adiante na antiga Universidade do Estado da Guanabara (UEG), atual Universidade do Estado do Rio de Janeiro (Uerj). O diploma de bacharelado em história e geografia veio em 1958, e o de licenciatura no ano seguinte. Pela mesma instituição graduou-se em filosofia, com bacharelado em 1962 e licenciatura em 1963.

Na roda-viva de ter que garantir o próprio sustento, Lélia conciliava os estudos com o trabalho. Lecionava no Colégio Piedade, no Colégio Andrews, no Instituto de Aplicação Fernando Rodrigues da Silveira — CAp UEG, onde ministrava aulas de filosofia, e na Fundação Educacional e Universitária Campo-Grandense (Feuc), respondendo pela docência das disciplinas de Introdução aos Estudos Históricos e História Moderna e Contemporânea.

Quando o coração bate mais forte

Na Faculdade de Filosofia, o coração de Lélia será atingido para além dos filósofos da Antiguidade. Lá estava Luiz Carlos Gonzalez, também aluno, por quem seu coração bateu acelerado. Deram início a uma forte relação, oficializada com o casamento em 1964. Entretanto, nesse mesmo período os militares assumiram o poder e a vida política passou a ser controlada por atos institucionais, que fortaleciam cada vez mais o regime imposto. O casal precisou enfrentar, além da turbulência política, a turbulência familiar.

Ao se casar com Luiz Carlos, Lélia mudou-se da casa de seus parentes, sem sair da Tijuca. Foi um casamento atribulado, pois os pais do marido não aceitavam a união dos dois.[8]

O relato de Lélia evidencia a dinâmica das relações raciais e suas perversas dimensões pessoais na interação entre negros e brancos:

Quando chegou a hora de casar, eu fui me casar com um cara branco. Pronto, daí aquilo que estava reprimido, todo um processo de internalização de um discurso "democrático racial",

---

8. Entrevista concedida por Roselívia Almeida a Antonia Ceva em 5 de maio de 2012, no Rio de Janeiro, para o Projeto Memória — Lélia Gonzalez: O feminismo negro no palco da história.

A estrela negra começa a brilhar

veio à tona, e foi um contato direto com uma realidade muito dura. A família do meu marido achava que o nosso regime matrimonial era, como eu chamo, de "concubinagem", porque mulher negra não se casa legalmente com homem branco; é uma mistura de concubinato com sacanagem, em última instância.[9]

O conflito se acentuou quando a família de Luiz Carlos descobriu que estavam legalmente casados:

Aí veio o pau violento em cima de mim; claro que eu me transformei numa "prostituta", numa "negra suja" e coisas assim desse nível... Mas, de qualquer forma, meu marido foi um cara muito legal, sacou todo o processo de discriminação da família dele, e ficamos juntos até sua morte.[10]

Desde o falecimento do marido, um ano depois de casados, Lélia não abandonou mais o sobrenome Gonzalez. Em entrevista ao jornal *O Pasquim*, em 1986, afirmou que despertou para sua condição de mulher negra com Luiz Carlos. Certamente, os problemas que enfrentava com a família dele motivaram essa conscientização:

---

9. Lélia Gonzalez, "Entrevista a *Patrulhas ideológicas*". In: *Por um feminismo afro-latino-americano*, op. cit., pp. 286-7.
10. Ibid.

Ele encheu o saco e rompeu relações com a família de novo. As relações com a família dele eram muito complicadas, tão complicadas que ele acabou se matando.[11]

Dando a volta por cima

Abalada com o suicídio de seu companheiro, Lélia se afastou por algum tempo das atividades acadêmicas. Viajou ao encontro de uma amiga em Barbacena, Minas Gerais, em busca de um refúgio onde pudesse pensar sobre a tragédia e digerir o que acabara de vivenciar.

Ao regressar para o Rio, retomou o trabalho docente e voltou a se dedicar à tradução de textos filosóficos, que havia iniciado em 1964 com o livro *Curso moderno de filosofia*, de Denis Huisman e André Vergez, para a Editora Freitas Bastos. Posteriormente, traduziu dois volumes de *Compêndio moderno de filosofia*, dos mesmos autores: o primeiro, *A ação*, em 1966, e o segundo, *O pensamento*, em 1968.

Na segunda metade da década de 1960, o seu interesse pela filosofia se acentua. Lélia inicia diversos cursos na Fa-

---

11. Lélia Gonzalez, "Entrevista ao *Pasquim*". In: *Por um feminismo afro-latino-americano*, op. cit., p. 321.

A estrela negra começa a brilhar

culdade de Filosofia, Ciências e Letras da UEG, sendo um deles o de Introdução ao Pensamento Existencialista, em 1967. No ano seguinte, começa a ministrar aulas de filosofia, psicologia e sociologia no Colégio Santo Inácio, na Zona Sul do Rio de Janeiro. Ingressa depois na Universidade Gama Filho, como professora assistente da disciplina História da Filosofia.

Na vida familiar, sua irmã Dora, que estava separada do marido e tinha três filhos — Roberto, Roselívia e Roseni —, engravida e Lélia oferece total apoio para que leve adiante a gestação. Assim, torna-se mãe de seu sobrinho Rubens Rufino, carinhosamente chamado por ela de "Manéu".

Quando eu nasci, na maternidade em São Cristóvão, em frente à Quinta da Boa Vista, a Lélia foi me visitar, e a Dora, minha mãe biológica, imediatamente disse "Toma que o filho é teu".[12]

Com o falecimento de dona Urcinda, em 1967, "a família se espalha". Dora vai morar em Petrópolis e Lélia fica com o garoto. Dois anos depois, passam a viver com o engenheiro

---

12. Entrevista concedida por Rubens Rufino a Antonia Ceva, em 20 de outubro de 2011, em Brasília, para o Projeto Memória — Lélia Gonzalez: O feminismo negro no palco da história.

Vicente Marota, segundo marido de Lélia, na Tijuca, rua Haddock Lobo.[13]

O final da década de 1960 viu o endurecimento do regime militar e, por isso mesmo, os estudantes buscavam espaços alternativos onde pudessem manifestar suas ideologias. A liberdade de expressão estava cerceada pela ditadura. Lélia resistia à sua maneira àqueles duros tempos. Segundo seu amigo Januário Garcia,[14] a parceria entre ambos se iniciou quando eram vizinhos. Ela tinha como hábito reunir um grupo de estudantes em casa para discutir a filosofia existencialista. Com isso, todos e todas liam seus principais expoentes — Simone de Beauvoir, Jean-Paul Sartre, Louis Althusser — e refletiam sobre suas obras.[15]

---

13. Entrevista concedida por Eliane de Almeida a Antonia Ceva, em 17 de outubro de 2011, no Rio de Janeiro/RJ, para o Projeto Memória — Lélia Gonzalez: O feminismo negro no palco da história.

14. Januário Garcia Filho foi um importante fotógrafo negro brasileiro. Nascido em Belo Horizonte assim como Lélia Gonzalez, tornou-se reconhecido pelas fotos de capas de álbuns de artistas como Tim Maia, Leci Brandão e Gilberto Gil, bem como de eventos e passeatas do movimento negro, contribuindo com registros fundamentais para a memória da população negra. Ao longo de sua amizade com Lélia, Januário fez várias fotografias icônicas suas.

15. Entrevista concedida por Januário Garcia a Schuma Schumaher e Antonia Ceva em 28 de setembro de 2011, no Rio de Janeiro, para o Projeto Memória — Lélia Gonzalez: O feminismo negro no palco da história.

Lélia Gonzalez em 1966.
Acervo Lélia Gonzalez.

No começo dos anos 1970, Lélia e Vicente se mudaram para o bairro do Cosme Velho. Rubens ficou com a mãe biológica e passava os finais de semana com Lélia. Nessa década, inicia-se a consolidação da líder intelectual e ativista que influenciará os rumos dos movimentos feministas e negros do Brasil.

Em busca de si mesma

Com coragem e integridade para se expor, Lélia relatou o difícil processo de construção de sua identidade racial, sobretudo num contexto em que a negritude padecia — e ainda padece — de toda sorte de interdições e rejeições e o embranquecimento se colocava — e se coloca — como imposição estética ou estratégia de defesa para evitar a discriminação. Conta-nos ela:

> Eu tive oportunidade de estudar [...] e passei por aquele processo que eu chamo de lavagem cerebral dado pelo discurso pedagógico brasileiro, porque, à medida que eu aprofundava meus conhecimentos, eu rejeitava cada vez mais a minha condição de negra.[16]

---

16. Lélia Gonzalez, "Entrevista a *Patrulhas ideológicas*". In: *Por um feminismo afro-latino-americano*, op. cit., p. 286.

A estrela negra começa a brilhar

Essa capacidade de Lélia falar, na primeira pessoa, sobre as dores e a rejeição social que o racismo provocava tinha um efeito libertador para as mulheres negras. Facilitava a compreensão a respeito da influência de uma ideologia perversa sobre seus corpos e mentes que valorizava esteticamente a brancura e estigmatizava a negritude e todas as características que lhe são próprias:

> Não quero dizer que eu não passei por isso, porque eu usava peruca, esticava cabelo, gostava de andar vestida como uma lady. Desnecessário dizer que a divisão interna da mulher negra na universidade é tão grande que, no momento em que você se choca com a realidade de uma ideologia preconceituosa e discriminadora que aí está, a sua cabeça dá uma dançada incrível. [...] A partir daí fui transar o meu povo mesmo, ou seja, fui transar candomblé, macumba, essas coisas que eu achava que eram primitivas.[17]

O encontro com a psicanálise lacaniana e o candomblé, religião de matriz africana, representou a reconciliação de Lélia com suas origens, sua ancestralidade e sua condição de mulher negra. Segundo seu amigo e massagista Luiz Dias:

---

17. Ibid., p. 287.

Ela era muito curiosa, queria explicações para tudo. Parece que ela tinha uma inquietação interior. Tinha uma força mediúnica, estabelecia contato com "energias que a gente não vê". Nessa época, ela estava metida com essa história de regressão.[18]

Seu filho Rubens Rufino relatou que a regressão era uma forma de compreender melhor sobre vidas passadas. Lélia buscava respostas para suas indagações, aflições e contradições, por isso lia sobre tudo: Allan Kardec, candomblé, astrologia. Sua inquietação inclinou-a à espiritualidade.[19] Revelava-se, assim, outro lado da grandeza de Lélia Gonzalez: o de colaborar com sua própria experiência para desconstruir o imaginário sobre os negros considerados "bem-sucedidos", frequentemente utilizados pela mídia para referendar e justificar o mito da democracia racial, uma vez que são apresentados como pessoas sem qualquer vestígio de terem enfrentado situações de racismo ou de terem sido afetadas se, vez por outra, se defrontaram com situações desse tipo.

---

18. Entrevista concedida por José Luiz Fernandes Dias a Schuma Schumaher em 13 de outubro de 2011, no Rio de Janeiro, para o Projeto Memória — Lélia Gonzalez: O feminismo negro no palco da história.
19. Entrevista concedida por Rubens Rufino a Schuma Schumaher e Antonia Ceva, em 20 de outubro de 2011, em Brasília, para o Projeto Memória — Lélia Gonzalez: O feminismo negro no palco da história.

A estrela negra começa a brilhar

Desconstrução do branqueamento

O discurso de Lélia causava um efeito pedagógico em um contexto de exaltação da "democracia racial" que, ao reiterar sistematicamente a ausência de racismo e preconceito no Brasil, trazia como subtexto a mensagem de que as dificuldades enfrentadas pelos negros seriam de sua própria responsabilidade, decorrentes de suas próprias características, ou de sua "natural" inferioridade, como sustenta o pensamento racista. A esses jogos característicos do racismo "à brasileira", Lélia Gonzalez jamais se prestou!

Para uma mulher negra, era uma experiência catártica estar diante de Lélia Gonzalez e ouvir essa outra mulher negra que era capaz de escutar nossa própria mente e nosso coração e verbalizar, sem medo, todas as angústias e sequelas produzidas pelo racismo. Se uma intelectual negra poderosa como aquela podia dizer todas aquelas coisas sem pejo, então todas poderiam! Mais ainda, ao tornar público seu processo pessoal de desconstrução do branqueamento que o racismo impunha, Lélia arrastava consigo legiões de mulheres negras que, como ela, haviam assumido suas cabeleiras black, usavam roupas coloridas que valorizavam a negritude e aceitavam suas características físicas e sua peculiar expressão de sexualidade.[20]

No início dos anos 1980, Lélia sofreu um acidente de carro ao retornar do evento de inauguração da rua Nelson Mandela, no bairro de Botafogo, no Rio de Janeiro, em homenagem ao líder negro sul-africano. A lesão causada pelo acidente a levou a usar uma faixa na testa para esconder a cicatriz. Esse novo acessório — que ela nunca mais abandonou — ditou uma tendência de moda e um estilo peculiar de Lélia, que o combinava com suas roupas coloridas e exuberantes.

---

20. Entrevista concedida por Sueli Carneiro a Schuma Schumaher em dezembro de 2011, no Rio de Janeiro, para o Projeto Memória — Lélia Gonzalez: O feminismo negro no palco da história.

Lélia Gonzalez na década de 1980.
Acervo Lélia Gonzalez.

2. Feminismo, mulheridade e mulherismo: As amefricanas

A REVOLUÇÃO CULTURAL E SEXUAL PROMOVIDA pelos movimentos feministas na Europa e nos Estados Unidos a partir da década de 1960 desafiará as mulheres brasileiras a reinterpretá-los à luz das características da nossa sociedade. Assim, contagiado por essas transformações, um importante conjunto de mulheres, do qual Lélia Gonzalez foi peça fundamental, empreendeu a revitalização do movimento feminista.

Sob o slogan "Diferentes, mas não desiguais", travaram-se mundialmente lutas concretas em prol da construção de uma sociedade igualitária para as mulheres. Pressionada por vários grupos e lideranças mundiais, a ONU, Organização das Nações Unidas, instituiu 1975 como o Ano Internacional da Mulher e 1975 a 1985 como a Década da Mulher, em todo o mundo.

A necessidade de transformar o papel feminino difundiu-se nos mais variados países, independentemente do grau de desenvolvimento. No entanto, Lélia salientava que o movimento feminista se encontrava

preocupado ora com a exploração de classe, ora com uma postura eminentemente antissexista. Faltou-lhe o entendimento da questão racial, pelo menos nos idos de 1970. Não queremos dizer, com isso, que tal incompreensão não perdure até os dias atuais.[1]

Em *Mulheres negras do Brasil*, Schuma Schumaher e Érico Vital Brazil atentaram para o fato de que, na época, o movimento feminista estava centrado no enfoque de um gênero branco e ocidental. Não se mostrava hábil o suficiente para superar as assimetrias que atingiam as mulheres, em especial as afrodescendentes.

Isso seria ainda determinante para a posição de classe das mulheres negras na sociedade brasileira. A urgência de elaborar uma agenda política específica motivou essas mulheres a criarem suas próprias organizações. Para o emer-

---

1. Lélia Gonzalez, *Mulher negra e participação*. In: iii Congresso Internacional da Associação Latino-Americana de Estudos Afro-Asiáticos, 1983.

Feminismo, mulheridade e mulherismo: As amefricanas 39

gente movimento feminista, esse posicionamento trazia o risco potencial de introduzir o divisionismo dentro de um grupo que lutava para se afirmar na sociedade. No entanto, a questão racial não estava contemplada na pauta feminista de discussões.

Sobre isso, Luiza Bairros, que foi ministra da Secretaria de Políticas de Promoção da Igualdade Racial (Seppir) entre 2011 e 2015, comenta que Lélia via o feminismo como um movimento de mulheres brancas, no qual ela era a "criadora de caso". Isso porque, dentro do movimento, havia um discurso estabelecido com relação às mulheres negras, um estereótipo de que "as mulheres negras são agressivas, são criadoras de caso, não dá para a gente dialogar com elas etc.".[2]

Essa verbalização pública, por parte de uma mulher negra, dos agravos produzidos pelo racismo sobre suas irmãs de cor contrariava a narrativa consagrada em nossa sociedade. O discurso da democracia racial negava a existência de racismo no Brasil. E, por fim, o próprio Movimento Negro foi confrontado por essa posição de Lélia. Para ela, os companheiros

---

2. Lélia Gonzalez, "Entrevista ao *Jornal do MNU*". In: *Por um feminismo afro-latino-americano*, op. cit., p. 331.

de luta, embora com uma consciência muito avançada sobre as questões de raça e classe, reproduziam todas as práticas sexistas do país no que dizia respeito às especificidades das mulheres negras, suas companheiras de militância.[3] Na verdade, essa constatação dolorosa acabou por levar as mulheres negras a se organizarem separadamente. Em consonância com essa visão, Lélia irá criar em 1978, no interior do Movimento Negro Unificado, o Centro de Lutas Luiza Mahin. Sobre isso, afirmava que a referência a Luiza Mahin[4] era sintomática:

> Ela repousava no fato de que, de início, as exigências do movimento negro nos pareciam muito mais importantes do que aquelas que nos diziam respeito enquanto mulheres; ou seja, a consciência racial se impunha com mais força que a sexual. Mas era a própria prática dentro do movimento negro que nos remetia à questão da discriminação sexual.[5]

---

3. Lélia Gonzalez, "O movimento negro na última década". In: Lélia Gonzalez e Carlos Hasenbalg, *Lugar de negro*. Rio de Janeiro: Zahar, 2022.
4. A historiografia brasileira não conseguiu desvendar a origem de Luiza Mahin: não se sabe se veio da África ou se nasceu em Salvador. No entanto, ela pertencia à nação jeje-nagô, da etnia Mahi, e dizia ter sido uma princesa na África. O que sabemos ao certo é que foi uma das lideranças femininas da Revolta dos Malês, em 1835, ocorrida na Bahia, além de mãe de Luiz Gama — poeta e um dos maiores abolicionistas do Brasil.
5. Lélia Gonzalez, *Mulher negra e participação*, op. cit.

Feminismo, mulheridade e mulherismo: As amefricanas   41

Disso decorre que os primeiros grupos organizados de mulheres negras surgiram exatamente no bojo do Movimento Negro. Segundo Lélia,

> isso é plenamente compreensível, uma vez que é no MN que se tem a oportunidade de desenvolver toda uma consciência ideológica e política a respeito do racismo e de suas práticas, assim como do modo como a questão racial se articula com aquela da exploração de classes. Daí a compreensão de que a exploração sexual da mulher passa também a ser um componente de grande importância para o entendimento das relações de opressão e dominação em nossa sociedade.[6]

Assim, o compromisso das mulheres negras com a transformação social era visto por Lélia como prioridade, pois como

> *amefricanas*, sabemos bem o quanto trazemos em nós as marcas da exploração econômica e da subordinação racial e sexual. Por isso mesmo, trazemos conosco a marca da libertação de todos e de todas.[7]

---

6. Ibid.

7. Lélia Gonzalez, "A importância da organização da mulher negra no processo de transformação social". In: *Por um feminismo afro-latino-americano*, op. cit., p. 270.

Ontem e hoje

Na defesa de tais posições, Lélia Gonzalez trouxe à discussão os efeitos perversos que o patriarcalismo associado ao racismo produz sobre as mulheres negras: níveis mais amplos de exclusão social, que as mantêm, em sua maioria, entre os estratos sociais que padecem de pobreza extrema; número maior de chefia de famílias; e rejeição estética, especialmente no mercado de trabalho.

Em outras palavras, desde Lélia Gonzalez se compreende que ser mulher e negra é ocupar um lugar peculiar na sociedade brasileira, recortado por múltiplas injunções que se potencializam para dificultar sua inserção social. No entanto, Lélia nos aponta que esse lugar peculiar também pode determinar uma ótica original, capaz de apreender ângulos, nuances e especificidades da sociedade. Justamente porque a mulher negra pertence a um gênero determinado, a uma racialidade identificada e a uma classe social específica, essa situação lhe permite um olhar diferenciado e privilegiado sobre o seu lugar.

Tal perspectiva impulsionará a mobilização e a organização das mulheres negras. Quando um grupo de mulheres se reuniu na Associação Brasileira de Imprensa em 1975 para

Feminismo, mulheridade e mulherismo: As amefricanas 43

comemorar o Ano Internacional da Mulher designado pela ONU, lá estavam as mulheres negras denunciando a exploração e a opressão a que eram submetidas. Essa presença tornou-se recorrente em eventos posteriores, fortalecendo as agendas políticas do segmento.

Lélia apontou ainda as formas particulares de violência, abuso e assédio sexual que os estigmas e estereótipos raciais produziam sobre as mulheres negras desde os tempos coloniais. Em uma de suas falas mais cruas a respeito desse processo de atribuição de uma sexualidade estigmatizada, Lélia denunciava a maneira como a iniciação sexual dos homens brancos se dava pela apropriação sexual das escravizadas negras, submetidas ao poder patriarcal colonial; as mulheres brancas se achavam então confinadas ao espaço doméstico e sua sexualidade estava sob o absoluto controle do poder masculino, só podendo ser exercida para fins de reprodução, conforme as rígidas regras da moralidade da época que, "naturalmente", só se aplicavam às mulheres brancas.

Esse comportamento masculino em relação às mulheres negras irá se reproduzir no período pós-abolição, no impune assédio sexual às empregadas domésticas, sendo perceptível também na forma estereotipada de se representar as negras como "mulatas".

Analisando as reflexões de Lélia sobre o imaginário corrente na sociedade em relação às mulheres negras, o pesquisador Alex Ratts aponta:

Lélia Gonzalez identifica que as mulheres negras, no espaço público em geral e no entretenimento, em especial no âmbito carnavalesco, eram vistas como mulatas, figura que permeia o imaginário colonial escravista brasileiro, se reconstituindo no período republicano em que floresce o mito da democracia racial [...].[8]

Ratts cita e comenta Lélia:

"O engendramento da mulata e da doméstica se fez a partir da figura de mucama. E, pelo visto, não é por acaso que, no [dicionário] *Aurélio*, a outra função da mucama está entre parênteses [amásia escrava]. Deve ser ocultada, recalcada, tirada de cena. Mas isso não significa que não esteja aí, com sua malemolência perturbadora. E o momento privilegiado em que sua presença se torna manifesta é justamente o da exaltação mítica da mulata nesse entre parênteses que é o Carnaval.

---

8. Alex Ratts, Comunicação apresentada no xi Congresso Luso-Afro--Brasileiro de Ciências Sociais. Salvador, 7-10 ago. 2011.

Feminismo, mulheridade e mulherismo: As amefricanas

Quanto à doméstica, ela nada mais é do que a mucama permitida, a da prestação de bens e serviços, ou seja, o burro de carga que carrega sua família e a dos outros nas costas. Daí ela ser o lado oposto da exaltação; porque está no cotidiano".

Como se pode observar, a autora divisa uma imagem no espaço público e outra no espaço privado, mas apreende que ambas se prolongam de um âmbito para o outro, assim como as imagens referidas de mulata e doméstica.[9]

Duplo pertencimento

Lélia Gonzalez participava de dois movimentos sociais: o feminista e o negro, entre os quais ela atuava como mediadora, partilhando perspectivas e reivindicações, bem como uma história de violências e opressões. Esse duplo pertencimento fazia com que seu feminismo incorporasse sempre a sensibilização e a parceria dos homens no processo de emancipação das mulheres — ao contrário do que era corrente na época, sobretudo para a construção de relações mais igualitárias na vida privada. Por isso, para Lélia:

---

9. Ibid. O texto de Lélia citado é "Racismo e sexismo na cultura brasileira" (In: *Por um feminismo afro-latino-americano*, op. cit.).

a questão da sexualidade tem que ser discutida num nível mais amplo e não no nível do orgasmo pura e simplesmente. Estou propondo um orgasmo muito maior, um prazer e uma felicidade muito maiores. [...] Precisamos assumir uma posição mais equilibrada em termos dessa relação homem/mulher, porque eu não sou mulher sozinha, eu sou mulher com um homem, e é nessa relação que eu vou afirmar a minha mulheridade, numa relação de troca com o homem, se não a gente dança. E esses valores da cultura africana estão lá esquecidos no inconsciente da gente, e têm muito a contribuir no sentido do equilíbrio da relação homem/mulher.[10]

Igual direito de trabalhar, diferente direito de receber...

Lélia estudou as condições históricas de inserção das mulheres no mundo do trabalho e chamou a atenção para a manutenção, do passado até o presente, de ocupações majoritariamente exercidas pelas mulheres negras. Ela identificou essa situação com a ideologia racista que impõe a essas mulheres a subalternidade social como destino.

---

10. Lélia Gonzalez, "Entrevista ao *Jornal do MNU*". In: *Por um feminismo afro-latino-americano*, op. cit., pp. 332-3.

Na III Conferência Mundial sobre a Mulher.
Nairóbi, Quênia, 1985. Acervo Lélia Gonzalez.

A condição das mulheres negras como trabalhadoras domésticas será, não por acaso, objeto de um artigo de Lélia intitulado provocativamente "E a trabalhadora negra, cumé que fica?", em que diz:

> Nossa situação atual não é muito diferente daquela vivida por nossas antepassadas: afinal, a trabalhadora rural de hoje não difere muito da "escrava do eito" de ontem; a empregada doméstica não é muito diferente da "mucama" de ontem; o mesmo poderia se dizer da vendedora ambulante, da "joaninha", da servente ou da trocadora de ônibus de hoje e "escrava de ganho" de ontem.[11]

A luta pela regulamentação do trabalho doméstico havia sido iniciada na década de 1940 por um grupo de mulheres integrantes do Teatro Experimental do Negro. A legislação trabalhista, recém-criada no governo Getúlio Vargas, não assegurava os mesmos direitos às trabalhadoras domésticas. Com isso, o Conselho Nacional das Mulheres Negras, presidido pela jornalista Maria do Nascimento, fundou a Associação das Empregadas Domésticas. No entanto, só na década de 1970 essa classe foi contemplada com algumas garantias.

---

11. Lélia Gonzalez, "E a trabalhadora negra, cumé que fica?". In: *Por um feminismo afro-latino-americano*, op. cit., pp. 217-8.

Feminismo, mulheridade e mulherismo: As amefricanas

Por um feminismo afro-latino-americano

Lélia não se limitou à crítica ao movimento feminista branco. Ela também se deteve naquilo que considerava desvios do emergente feminismo negro, uma vez que não representava a trajetória das mulheres negras das classes populares, não traduzia suas necessidades prioritárias nem dialogava com suas expressões culturais próprias.

Para equacionar essas contradições, ela apontava que as amefricanas — as mulheres da diáspora africana na América Latina e no Brasil — teriam resistência ao feminismo por não se verem nele representadas e por seu discurso lhes parecer algo distante das experiências e dos cotidianos delas. Segundo Lélia:

> Herdeiras de uma *outra cultura ancestral*, cuja dinâmica histórica revela a *diferença* pelo viés das desigualdades raciais, elas, de certa forma, sabem mais de *mulheridade* do que de *feminidade*, de *mulherismo*[12] do que de *feminismo*. Sem contar

---

12. De acordo com o pesquisador Alex Ratts, o conceito de mulherismo é uma tradução livre de Lélia Gonzalez para o termo *womanism*, criado pela escritora afro-americana Alice Walker, conhecida por sua obra *A cor púrpura*, de 1982. Ver Alex Ratts, "As amefricanas: Mulheres negras e feminismo na trajetória de Lélia Gonzalez", *Fazendo Gênero*, n. 9: *Diáspora, Deslocamentos*. Florianópolis, Anais eletrônicos, 2010.

que sabem mais de *solidariedade* do que de *competição*, de *coletivismo* do que de *individualismo*.[13]

Com essa posição, Lélia irá confrontar o feminismo latino-americano no artigo "Por um feminismo afro-latino--americano":

> Apesar de suas contribuições fundamentais para a discussão da discriminação com base na orientação sexual, o mesmo não ocorreu diante de outro tipo de discriminação, tão grave quanto a sofrida pela mulher: a de caráter racial.[14]

Ainda nesse artigo, destaca a dívida histórica que o feminismo tem com a luta pelos direitos civis nos Estados Unidos, liderada por Martin Luther King, sabedora de que, nesse processo, as mulheres brancas norte-americanas foram grandemente beneficiadas. Para Lélia, as importantes contribuições do movimento pelos direitos civis nos Estados Unidos impulsionaram a mobilização do movimento feminista norte-americano e do orgulho gay, entre outros.

---

13. Lélia Gonzalez, "A importância da organização da mulher negra no processo de transformação social". In: *Por um feminismo afro-latino--americano*, op. cit., p. 269.
14. Lélia Gonzalez, "Por um feminismo afro-latino-americano". In: *Por um feminismo afro-latino-americano*, op. cit., p. 140.

Feminismo, mulheridade e mulherismo: As amefricanas 51

Situação inversa à da sociedade brasileira, na qual a ascensão do movimento feminista motivou a criação de outros grupos de resistência: de mulheres negras, de mulheres negras lésbicas, LGBTQIAPN+, entre outros.

Nesse processo de deslocamento de uma concepção eurocêntrica do feminismo latino-americano, Lélia delineia uma proposta de "outro": o afro-latino-americano, tomando como paradigma a figura histórica e heroica de Nanny, guerreira e mãe de seu povo na Jamaica, que se constitui, como Zumbi entre nós, num dos pilares da amefricanidade.[15]

A Nanny corresponderiam, na história brasileira, mulheres negras "esquecidas" por um longo tempo por nossa historiografia, como Dandara, Aqualtune, Maria Felipa e Luiza Mahin, entre tantas que começam a adquirir visibilidade graças ao esforço, sobretudo, de ativistas, feministas e pesquisadoras.

O Projeto Memorial Zumbi, do qual Lélia fazia parte, realizou um ato solene na serra da Barriga, Alagoas, em homenagem a Zumbi e a todas as guerreiras quilombolas que lutaram heroicamente contra a escravidão. Nesse evento, Abdias Nascimento, liderança negra, beijou o chão de Palmares, num gesto simbólico.

---

15. Ibid.

Lélia identificou nessas personagens históricas traços comuns que revelam as estratégias utilizadas pelas mulheres negras no contexto colonial em defesa de suas comunidades, de seus valores culturais e tradições. Em distintos momentos, ela destacou a figura da mãe preta como aquela que melhor representa a resistência negra contra a escravidão. Sob essa perspectiva, Lélia cunhará a categoria de amefricanidade.[16]

Segundo ela, para construir sua concepção feminista as amefricanas devem buscar inspiração nessa matriz histórica, pois há nela um patrimônio libertário que deve ser recriado e atualizado constantemente pelas mulheres negras em suas lutas por emancipação e reconhecimento no presente.

---

16. "Para além de seu caráter geográfico, ela [amefricanidade] designa todo um processo histórico de intensa dinâmica cultural (resistência, acomodação, reinterpretação, criação de novas formas) referenciada em modelos africanos e que remete à construção de toda uma identidade étnica" (Ibid., p. 151).

3. A luta antirracista de Lélia Gonzalez

> Lélia nos ajudou a entender melhor o racismo como uma ideologia de dominação social que fomenta políticas discriminatórias e racistas.
>
> *Januário Garcia*[1]

UMA LEVE DISTENSÃO DO REGIME MILITAR, no final dos anos 1970, consolidou a possibilidade e a esperança de redemocratização. Com isso, os movimentos de resistência social ressurgiram com ideais de democracia e cidadania. Nessa efervescência, emergiram novos grupos de militantes negros, outros se estruturaram e, assim, várias entidades de combate ao racismo despontaram na sociedade brasileira.

---

1. Entrevista concedida por Januário Garcia a Schuma Schumaher e Antonia Ceva, em 28 de setembro de 2011, no Rio de Janeiro, para o Projeto Memória — Lélia Gonzalez: O feminismo negro no palco da história.

No Rio de Janeiro, já ocorria o encontro permanente da massa de negros anônimos por meio do movimento soul, que ficou conhecido como Black Rio, uma mistura de funk, samba e jazz.

O ator Tony Tornado, recém-chegado de uma temporada nos Estados Unidos, se apresentou no v Festival Internacional da Canção com o Trio Ternura, trazendo toda uma estética da resistência negra norte-americana. Arrancou gritos da plateia, interpretando a canção "BR-3" e fazendo passos do cantor negro James Brown.

A jornalista Lena Frias, uma das maiores divulgadoras da cultura popular brasileira na época, atuando no *Jornal do Brasil*, escreveu diversas reportagens sobre esse fenômeno que trouxe, além da música, uma estética muito marcante: o cabelo black power e as roupas coloridas.[2] Na concepção de Lélia, esse movimento significava que a comunidade negra jovem estava resistindo aos mecanismos de exclusão que o sistema lhe impunha. Para ela, a cultura devia ser pensada como um elemento de conscientização política.

Os fenômenos do Black Rio, do Black São Paulo e da Noite da Beleza Negra, em Salvador, para além de uma

---

2. Lena Frias, "O orgulho (importado) de ser negro no Brasil". *Jornal do Brasil*, Rio de Janeiro, 17 jul. 1976. Caderno B, pp. 4-6.

valorização estética, representaram um momento de conscientização política e valorização da identidade negra. O sentido de pertencimento étnico fortalecia um movimento negro que estava ressurgindo.

Nesse período, o regime militar controlava a vida política, social e cultural do país. No entanto, a censura imposta pelo Ato Institucional nº 5 não intimidou a organização de festivais, congressos e a criação de centros de pesquisas. Outros espaços estratégicos eram planejados para discutir os rumos do país.

No ano de 1974, Lélia Gonzalez participou das Semanas Afro-Brasileiras, entre os dias 30 de maio e 23 de junho, no Rio de Janeiro, promovidas pelo Centro de Estudos Afro--Asiáticos (CEAA) e pela Sociedade de Estudos da Cultura Negra no Brasil (SECNEB) de Salvador, com a colaboração do Museu de Arte Moderna. O evento viabilizou o encontro de pessoas de diferentes partes do país interessadas na articulação de um movimento negro nacional. O que estava em pauta era a conjuntura política, a situação da população negra e a necessidade de ação política organizada por parte dos homens negros e das mulheres negras.

A partir dessas reuniões, elaborou-se um material informativo e educativo sobre a questão racial no Brasil, a discriminação e a história da África. Formava-se ali o embrião de um movimento negro com expressão nacional.

Nessa ocasião, além de sua militância, Lélia iniciou o mestrado na Escola de Comunicação da UFRJ, que não chegou a concluir. Politicamente, participaria da fundação do Instituto de Pesquisa das Culturas Negras (IPCN),[3] do qual integrou a Assessoria Política.

Muitas línguas em uma só: O pretuguês

A questão cultural se fazia presente no discurso de Lélia Gonzalez como fator de extrema importância para a construção de uma consciência política. A cultura brasileira, a seu ver, era eminentemente negra e de raízes africanas, e sua compreensão estava na leitura de autores africanos. Para ela, o Brasil falava "pretuguês", dada a forte influência de línguas africanas na nossa formação histórico-cultural.

Os membros do IPCN denunciavam como os meios de comunicação de massa se apropriavam, exploravam e des-

---

3. O IPCN foi fundado em 8 de junho de 1975 por um dos grupos dissidentes que frequentavam o Teatro Opinião, em Copacabana, Rio de Janeiro, com a finalidade de estudar, pesquisar, denunciar e combater o racismo e todo e qualquer tipo de discriminação racial em suas mais variadas formas.

A luta antirracista de Lélia Gonzalez

caracterizavam a cultura negra, tornando pública a forma como a população negra era submetida à colonização racial e cultural por meio das normas e valores europeus, bem como a política institucional de negação do racismo edificada pelo Estado brasileiro e apoiada pelo slogan da "democracia racial".

Um dos posicionamentos expressivos de Lélia sobre esse tema foi a carta por ela enviada ao apresentador de tv Abelardo Barbosa, o Chacrinha, com o título "Alô, alô, Velho Guerreiro! Aquele abraço!", a propósito de uma entrevista concedida por ele a Cidinha Campos, da Rádio Nacional do Rio de Janeiro, por ocasião do dia 21 de março — Dia Internacional de Luta pela Eliminação da Discriminação Racial, instituído pela onu. Dizia Lélia:

> Quanto a Chacrinha, ele pôs os pingos nos is ou, se quiser, o preto no branco. Da maneira mais incisiva e decidida, afirmou a existência concreta da discriminação no Brasil, especificamente no campo de suas atividades profissionais. E declarou que nas emissoras de televisão onde trabalhou anteriormente (Globo e Tupi) programas de auditório como o seu sofriam uma série de restrições: proibia-se que as câmeras focalizassem diretamente o auditório, para que os negros não fossem mostrados. Eram proibidos os closes dos/as negros/as compo-

nentes desse público fiel que, na sua humilde espontaneidade, procura ver de perto os seus ídolos e lhes prestar suas homenagens. Os negros ou negras só poderiam ser focalizados de passagem ou de costas. E Chacrinha continuou denunciando o absurdo de tais restrições, uma vez que o Brasil é um país de negros; e, com suas metáforas incríveis, afirmou: "Eu sou negro, nós todos somos negros e até mesmo essas louras ou morenas que vemos por aí também são negras". Foram as declarações mais vigorosas e contundentes que ouvimos naquele 21 de março. Axé pra você, Velho Guerreiro, que, nas suas supostas loucuras tem apontado para muitas verdades que as autoridades governamentais, os políticos "progressistas" e os intelectuais idem não têm a honestidade de assumir.[4]

Em 1975, um grupo de compositores, sambistas e pessoas ligadas ao samba, sob a liderança de Antônio Candeia Filho, fundava o Grêmio Recreativo de Arte Negra e Escola de Samba Quilombo. A agremiação tinha como objetivo primeiro tornar-se um centro de resistência e resgate da cultura negra brasileira, procurando enfatizar sua importância e contribuição na nossa formação, bem como discutir

---

4. Lélia Gonzalez, "Alô, alô, Velho Guerreiro! Aquele abraço!". In: *Por um feminismo afro-latino-americano*, op. cit., pp. 179-80.

e reconstruir uma identidade cultural afro-brasileira capaz de garantir suas tradições e memória enquanto legado dos primeiros africanos que foram trazidos para o Brasil.[5]

Algo que deixou Lélia bastante orgulhosa foi sua influência indireta sobre a escolha do enredo da escola para o Carnaval de 1979. Sentiu-se envaidecida porque seu nome estava ao lado de intelectuais como Arthur Ramos, Nina Rodrigues, Edson Carneiro e Alípio Goulart. Além disso, ela exaltava o samba e estava sempre presente nas quadras e nas rodas de partido-alto, com grandes compositores e intérpretes, como Paulinho da Viola, Clementina de Jesus e outros.

Candeia, então presidente do Grêmio, com base no que havia lido e ouvido de Lélia e de outros teóricos das relações raciais escolheu o tema "Noventa anos de Abolição" para o enredo daquele ano, cujo samba foi composto por Nei Lopes e Wilson Moreira. Nesse momento, Lélia percebeu a responsabilidade de seu trabalho junto à comunidade negra. O episódio descrito a seguir ilustra bem a ressonância que sua atuação provocava:

---

5. Francisco Ernesto da Silva, *Candeia e a Escola de Samba Quilombo: A crítica ao processo de branqueamento das manifestações culturais afro-brasileiras.* Guarulhos: Universidade de Guarulhos, 2008.

Não dá para esquecer aquela tarde ensolarada em que a gente se mandou pra Coelho Neto, para levar um papo com Candeia sobre a participação do Quilombo no Ato Público. Papo vai, papo vem, ele nos presenteou com o folheto do enredo para o próximo Carnaval: "Noventa anos de Abolição". [...] Surpresa e emocionada, disse-lhe que ainda não tinha um trabalho publicado digno de ter meu nome ao lado daqueles "cobras" (afinal, um artiguinho aqui, outro acolá, e de tempos em tempos, não significava nada). Ele retrucou, dizendo que sabia muito bem do trabalho que eu vinha realizando "por aí" e que isso era tão importante quanto os livros dos "cobras".[6]

Candeia faleceu em 16 de novembro de 1978. No entanto, Lélia assumiu a responsabilidade de discutir com os membros da ala dos compositores o enredo que ele escrevera. Nei Lopes e Wilson Moreira tiveram o seu samba-enredo escolhido como o melhor, entre outros muito bons. E num trecho do samba eles homenageiam o saudoso Candeia: "E os quilombolas de hoje em dia/ 'São Candeia' que nos alumia".

---

6. Lélia Gonzalez, "O Movimento Negro Unificado Contra a Discriminação Racial (MNU)". In: *Lugar de negro*, op. cit., pp. 58-9.

Hoje a festa é nossa

Não temos muito para oferecer

Mas os atabaques vão dobrando

Com toda a alegria de viver.

Festa no Quilombo

Noventa anos de Abolição

Todo mundo unido pelo amor

Não importa a cor

Vale o coração.

Fazendo arte

Esse ano de 1978 foi um divisor de águas na trajetória de Lélia Gonzalez. Nessa ocasião, os contatos entre Rio de Janeiro e São Paulo, em termos de articulação do movimento negro, se fortalecem. As atividades desenvolvidas pelo IPCN serviam como canal para essa movimentação política e de conexão e interlocução entre as diferentes iniciativas que estavam surgindo.

Nos debates sobre estratégias de combate ao racismo, a questão fundamental girava em torno da criação de um movimento negro de caráter nacional. E foi assim que começaram a ser lançadas, realmente, as bases do Movimento Negro Unificado Contra a Discriminação Racial, que seria fundado em 7 de julho de 1978. Junto com Abdias Nascimento, Luiza Bairros, Maria Beatriz Nascimento, Thereza Santos, Nilza Iraci e outras lideranças, Lélia se engajou nas discussões.

Cultura negra na Escola de Artes Visuais

No bojo desse cenário de mobilização política, Lélia foi muito coerente ao se valer de sua função de professora de antropologia na Escola de Artes Visuais (eav) do Parque Lage e lá iniciar, institucionalmente, via estado, o primeiro curso de Cultura Negra no Brasil.

Para ela, esse curso, que durou de 1976 a 1978, objetivava reinterpretar a história do Brasil sob a ótica do negro, fazendo uma revisão crítica sobre seu lugar, protagonismo e importância na africanização da cultura brasileira, uma vez que a história oficial infantilizara e subalternizara sua presença na nossa sociedade. Com isso, a participação dos africanos e africanas escravizados/as na construção do nosso patrimônio seria visibilizada, assim como suas estratégias de resistência ao sistema: levantes, irmandades, insurreições e religiosidade, entre outras questões ausentes

A luta antirracista de Lélia Gonzalez

nos materiais didáticos.[7] Para tanto, Lélia atribuiu à mãe preta a responsabilidade de introduzir valores e códigos dos povos africanos.[8]

O processo de infantilização do negro seria objeto de um dos bordões criados por Lélia: "Negro tem que ter nome e sobrenome, senão os brancos arranjam um apelido ao gosto deles", dizia. Quando Lélia foi contemplada na série Heróis de Todo Mundo — um projeto da Cor da Cultura (2010), realizado pelo Canal Futura, Petrobras, Centro de Informação e Documentação do Artista Negro (Cidan), TV Globo e Secretaria Especial de Políticas de Promoção da Igualdade Racial —, eu, Sueli Carneiro, tive a honra de ser convidada para interpretá-la. No vídeo que a homenageava, repeti essa sua frase, que sintetizava o desrespeito no tratamento dado a pessoas negras, que vai da infantilização, passa por vezes pela animalização ou coisificação e resulta sempre na redução da individualidade dos negros, ou em sua desumanização. Com essa formulação sintética, Lélia denunciava a forma como pessoas do grupo racialmente dominante se referem ou se dirigem a pessoas negras uti-

---

7. Lélia Gonzalez, "A presença negra na cultura brasileira". *Jornal Mensal de Artes*, Rio de Janeiro, n. 37, mar. 1977.
8. Lélia Gonzalez, "Entrevista a *Patrulhas ideológicas*". In: *Por um feminismo afro-latino-americano*, op. cit., p. 290.

lizando expressões já corriqueiras no cotidiano, como "ne-guinho", "pivete", "moleque", "crioulo", "negão", "negona".

Descendo do pedestal teórico

Ao mesmo tempo que aprofundava reflexões sobre a cultura brasileira, Lélia permaneceu na EAV reunindo artistas e intelectuais progressistas cuja produção implicava uma visão crítica da realidade nacional. A escola tornou-se, assim, o maior espaço cultural do Rio de Janeiro naquele período. Zezé Motta foi aluna de Lélia no curso, e com ele desmistificou muitas questões. Nas palavras da atriz:

> Eu não sabia nada sobre candomblé, tinha medo até de passar na entrada de um terreiro. Quando saí pelo mundo para divulgar Xica da Silva, as pessoas me perguntavam sobre cultura negra e eu não sabia nada. Então fiz um curso com a antropóloga Lélia Gonzalez e dele fazia parte assistir a um ritual de candomblé. Já havia uma suspeita de que eu era filha de Oxum. No dia em que fomos assistir ao ritual, era justamente uma festa para Oxum. Adorei, achei lindo e descobri que era mesmo filha dela. De lá para cá eu, sempre que vou à Bahia, vou ao terreiro de Mãe Stella de Oxóssi, do Ilê Axé Opó

A *luta antirracista de Lélia Gonzalez* 65

Afonjá. Todo final de ano faço um descarrego e de vez em quando jogo búzios. Toda vez que entro em cena, peço licença a Oxum para viver uma filha de Iemanjá e peço a Deus que meu trabalho resulte em algo bom. Durante muito tempo, e ainda acontece, as pessoas acharam que candomblé e umbanda eram religiões de gente ignorante. Espero sinceramente que a Mãe Ricardina possa ajudar a quebrar esse preconceito.[9]

Para Lélia, a formação cultural brasileira não poderia deixar de considerar o tripé que lhe deu origem, e que, portanto, era o seu suporte: as culturas africana, indígena e europeia. Entretanto, afirmava que enfrentamos o problema de as manifestações dos negros e dos indígenas serem classificadas como "folclore" e colocadas em museus de curiosidade, de coisas exóticas.

Assim, para analisar as instituições e os valores culturais negros, bem como sua presença na formação cultural do país, Lélia pôde trabalhar com aquilo que considerava cultura, ou seja, "o conjunto de manifestações simbólicas através das quais os sujeitos sociais expressam suas relações com a natureza e entre si".[10] Do programa do seu curso no Parque Lage constava:

---

9. Entrevista de Zezé Motta para a revista *Raça Brasil*, 2001.
10. Lélia Gonzalez, "Prefácio". In: Clóvis Maciel et al., *Cadernos Negros 5*. São Paulo: Quilombhoje, 1982. pp. 3-6.

1. O problema da unicidade de uma cultura negra.
2. A religião enquanto simbolismo cultural dominante (candomblé, umbanda).
3. O negro na literatura.
4. Expressividade negra e artes plásticas.
5. Samba, Carnaval e futebol ou os fardos da cor.
6. Contrastes e confrontos.

Durante os três anos do curso, nos meses de novembro, Lélia e sua equipe realizaram um evento cultural na EAV voltado para a visibilidade da produção cultural do negro, reunindo as mais diversas expressões das artes plásticas, grupos de dança e de poesia, exibição de filmes, seminários, lançamentos de livros e espetáculos de música.

Esse curso fez Lélia perceber que sua militância não poderia ficar restrita a uma sala de aula e que, conforme disseram seus alunos, sua linguagem acadêmica mais a afastava do público do curso (trabalhadores e professores de uma turma noturna) do que a aproximava. Provavelmente, é a partir dessa experiência que decorre sua decisão de radicalizar uma forma de expressão que se tornou a sua marca registrada: rejeitar todo tipo de academicismo ou pedantismo intelectual para se comunicar.

Ela buscou então uma forma de expressão que, sem perder densidade teórica e analítica, pudesse aproximá-la das

governo do estado do rio de janeiro
secretaria de educação e cultura
departamento de cultura
instituto das escolas de arte

escola de artes visuais

A CULTURA NEGRA NO BRASIL

Profa. Lélia de Almeida Gonzalez

1. O problema da unicidade de uma cultura negra.

2. A religião enquanto simbolismo cultural dominante:
   a) Candomblé
   b) Umbanda

3. O negro na literatura

4. Expressividade negra e artes plásticas

5. Samba, carnaval e futebol ou os fardos da cor

6. Contrastes e confrontos

BIBLIOGRAFIA:

BASTIDE, Roger – As religiões africanas no Brasil, 2vol.,
      Biblioteca Pioneira de Ciências Sociais,S.P.,1971
      – Estudos afro-brasileiros, Ed.Perspectiva,S.P.,1973

CARNEIRO, Edson – Ladinos e crioulos, Ed.Civilização Brasileira,Rio,
      1964

FEUSER, Wilfried – Aspectos da literatura do mundo negro,C.E. Afro-
      Orientais da U.F. da Bahia, 1969

IANNI, Octávio – As metamorfoses do escravo, Difusão Européia do Li-
      vro, S.P., 1962

RABASSA, Gregory – O negro na ficção brasileira, Edições Tempo Bra-
      sileiro, Rio, 1965

SANTOS, J.H. – Os nagô e a morte, Ed. Vozes, Petrópolis, 1975

Ementa do curso Cultura Negra no Brasil, ministrado
por Lélia na Escola de Artes Visuais do Parque Lage,
Rio de Janeiro, entre 1976 e 1978. Acervo Lélia Gonzalez.

populações negras de diferentes estratos sociais e níveis de escolaridade. Tal atitude lhe permitiu um trânsito raro entre as elites intelectuais e as massas populares, as quais encantou igualmente com seu carisma natural e retórica original, que agregava tanto os elementos de uma reflexão profunda quanto uma linguagem recheada de elementos populares, que tornava seu pensamento acessível a todos.

Essa mediação empreendida por Lélia explica por que ela influenciou movimentos sociais e jovens intelectuais empenhados na produção de saberes que não ficassem restritos e confinados às bibliotecas.

4. O Movimento Negro Unificado (MNU)

COM A FUNDAÇÃO DO Movimento Negro Unificado Contra a Discriminação e o Racismo (MNUCDR), em 1978, no ano seguinte rebatizado de Movimento Negro Unificado (MNU) — a primeira organização negra a alcançar abrangência nacional depois da Frente Negra Brasileira —,[1] o Brasil conhece Lélia Gonzalez, que anuncia:

> Eu gostaria de colocar aqui que eu pertenço ao Movimento Negro Unificado, que estamos aí numa batalha violenta no sentido de conquista de um espaço para o negro na realidade brasileira.[2]

---

1. A Frente Negra Brasileira foi fundada em 16 de setembro de 1931, tornou-se partido político em 1936 e durou até o ano seguinte. Foi uma das mais importantes entidades de afrodescendentes na primeira metade do século XX, nos campos social, político e educacional.

2. Lélia Gonzalez, "Entrevista a *Patrulhas ideológicas*". In: *Por um feminismo afro-latino-americano*, op. cit., p. 288.

Na sua avaliação, o dia 7 de julho de 1978 representava

um marco histórico muito importante para nós, na medida
em que se constituiu em ponto de convergência para a manifestação, em praça pública, de todo um clima de contestação
às práticas racistas, assim como da determinação de levar
adiante a organização política dos negros. Ora, esse clima e
essa determinação já haviam pintado em diferentes pontos do
país, como já dissemos. Faltava esse Sete de Julho, garantia
simbólica de um movimento negro de caráter nacional.[3]

Sobre o evento de fundação do MNU, ela detalha:

... E estávamos todos lá, nas escadarias do Theatro Municipal
de São Paulo. Muita atividade (distribuição da carta aberta à
população, colocação de cartazes, faixas etc.), muita alegria,
muita emoção. As moções de apoio chegavam e eram lidas
com voz forte e segura. A multidão aplaudia. Como aplaudia
os discursos que se sucediam. Graças às mensagens de solidariedade de grupos, organizações, entidades negras e brancas,
de São Paulo e do Brasil; graças às falações que iam fundo em

---

3. Lélia Gonzalez, "O Movimento Negro Unificado Contra a Discriminação Racial (MNU)". In: *Lugar de negro*, op. cit., p. 61.

O Movimento Negro Unificado (MNU)

suas denúncias; graças àquela multidão ali presente (cerca de 2 mil pessoas), negra na maioria (mas muitos brancos também); graças a todo um espírito de luta plurissecular de um povo, a emoção tomava conta da gente, causando uma espécie de vertigem. E um sentimento fundo tomou conta de cada um quando ouvimos a leitura, a 2 mil vozes, da Carta Aberta à População.[4]

O evento foi memorável e histórico. A fundação do MNU, porém, não agradava a gregos e troianos. E Lélia percebia que, além dos conservadores, havia por parte das esquerdas em geral uma tentativa de reduzir a questão do negro a uma questão meramente econômico-social, ou seja, a uma questão de classe:

Na medida em que se liquida o problema de classes, na medida em que entramos numa sociedade socialista, o problema da discriminação racial está resolvido. A meu ver esse problema é muito mais antigo que o próprio sistema capitalista e está de tal maneira entranhado na cuca das pessoas que não é uma mudança de um sistema para outro que vai determinar o desaparecimento da discriminação racial. [...] E em todas as

---

4. Ibid.

tentativas que esse povo efetuou no sentido de denúncia e de conquista dos seus direitos, enquanto cidadãos brasileiros, foram, de um modo geral, recebidos com indiferença ou então rechaçados como racistas às avessas; quer dizer, a gente passa por um processo de racismo violentíssimo, e quando a gente denuncia isso é chamado de racista às avessas. As chamadas correntes progressistas brasileiras minimizam da forma mais incrível as nossas reivindicações.[5]

Ela avalia:

As atividades do MNU no seu primeiro ano de existência se deram nos mais diferentes níveis. Desde a denúncia dos casos de violência policial (que nos levou a defender a tese, junto ao Comitê Brasileiro pela Anistia, em seus dois congressos de 1978 e 1979, de que o negro brasileiro também é prisioneiro político, na medida em que é colocado sob suspeita e preso pelo simples fato de ser negro), passando pelas manifestações em praça pública (enterro da Lei Afonso Arinos, em São Paulo; realização de atos públicos e passeatas, por ocasião do Vinte de Novembro, em diferentes capitais do país etc.), ao trabalho

---

5. Lélia Gonzalez, "Entrevista a *Patrulhas ideológicas*". In: *Por um feminismo afro-latino-americano*, op. cit., p. 288.

O Movimento Negro Unificado (MNU)

iniciado junto à comunidade negra. Seu trabalho de denúncia do racismo e da violência policial acabou por sensibilizar determinados setores da sociedade, tanto num sentido positivo quanto num negativo.[6]

E ressalta:

> O advento do MNU consistiu no mais importante salto qualitativo nas lutas da comunidade negra brasileira na década de 1970. [...] seu programa de ação e sua carta de princípios inspiraram a criação de diversas entidades e grupos negros em vários pontos do país.[7]

Motivada por todo esse momento de crescimento e avanço da luta racial, ela circulava por diferentes universidades e faculdades do Rio de Janeiro e fora do estado também, realizando palestras e conferências — espaços de poder simbólico-intelectual que desde sempre foram muito bem ocupados por Lélia.

A historiadora Raquel Barreto, em sua dissertação de mestrado, destacou um fato curioso. No período em que o movimento negro se institucionalizava, as autoridades

---

6. Lélia Gonzalez, "O Movimento Negro Unificado Contra a Discriminação Racial (MNU)". In: *Lugar de negro*, op. cit., p. 75.
7. Ibid., pp. 80-1.

brasileiras se preocupavam com o alcance dessa mobilização; os conflitos raciais que ocorriam nos Estados Unidos assombravam as forças oficiais do Brasil. Talvez por isso o nome de Lélia e de outras lideranças tenha sido incluído nos arquivos do Departamento de Ordem Política e Social (Dops) em atividades antirracistas, e não específicas contra a ditadura militar.[8]

Lugar de negro

A intensa dedicação de Lélia à questão racial encontrará ainda outra forma de expressão no registro que ela nos legou sobre o movimento negro contemporâneo. Em 1982, Lélia publica o livro *Lugar de negro*, em parceria com o sociólogo Carlos Hasenbalg. Ambos faziam parte de uma intelectualidade que buscava outras perspectivas de análise para os estudos sobre o negro na sociedade brasileira. Por isso mesmo, a publicação se torna uma obra de referência, situando-se num momento de revisão crítica da historiografia a respeito do tema.

---

8. Raquel de Andrade Barreto, "Enegrecendo o feminismo ou feminizando a raça: Narrativas de libertação em Angela Davis e Lélia Gonzalez". Dissertação (mestrado em História Social da Cultura) — Pontifícia Universidade Católica do Rio de Janeiro, Rio de Janeiro, 2005. 128 f.

O Movimento Negro Unificado (MNU)

Lugar de negro é uma obra dividida em três capítulos. Lélia assina o primeiro, em que discute "O movimento negro na última década", registrando a trajetória da resistência negra em seu combate ao racismo e as repercussões negativas deste sobre as condições de vida desta população. De certa forma, ela faz uma espécie de balanço crítico de um processo no qual foi uma das principais protagonistas, e sinaliza os desafios persistentes para o fortalecimento da organização política dos negros brasileiros em busca da efetiva igualdade de direitos e oportunidades na sociedade.

5. O internacionalismo:
Do Brasil para o mundo

A REPERCUSSÃO DO PROTAGONISMO de Lélia no plano nacional a tornara presença obrigatória nos espaços de debate e formulação de políticas voltadas à promoção da igualdade de gênero também em nível internacional. A essa altura, ela já era uma voz respeitada pela militância dos movimentos negro e feminista, ecoando pelos quatro cantos do mundo.

Em maio de 1979, Lélia iniciou suas primeiras incursões fora do país para denunciar o racismo brasileiro — particularmente a opressão da mulher negra — e divulgar sua concepção de feminismo decorrente do reconhecimento dessas problemáticas. Nesse período, desenvolveu uma intensa articulação com lideranças negras internacionais, entre elas Carlos Moore, Angela Davis, Dorothy Height e Aimé Césaire.

Seu primeiro encontro com o cubano Carlos Moore foi no Senegal, na África, por meio de amigos em comum. Moore partira para o exílio em 1963, na companhia de sua esposa Shawna e de Kimathi, filho do casal. Quando conheceram Lélia, tornaram-se grandes parceiros e a acolheram em sua residência. Tinham discussões calorosas sobre o marxismo e Lacan, mas, segundo Moore, a questão racial, para Lélia, era predominante.

A partir de então, Lélia marcou presença em diversos encontros, seminários e congressos, como convidada especial e/ou palestrante: Conferência Mundial das Mulheres sobre Direitos Humanos e Missão (Veneza, 1979); I Seminário Women Under Apartheid, (Montreal, 1980); Conferência Alternativa da Meia Década da Mulher (Copenhague, 1980); Seminário Un Autre Développement avec Les Femmes (Dakar, 1982); Simpósio em Apoio à Luta do Povo da Namíbia por sua Autodeterminação e Independência (San José, 1983).

Em nível nacional, reconhecimentos oficiais reforçam sua importância na luta antirracista e antissexista. No dia 1º de fevereiro de 1982, por exemplo, coincidentemente seu aniversário, recebeu um diploma do Conselho Nacional de Mulheres do Brasil por ser uma das Dez Mulheres do Ano de 1981 que muito trabalharam pela integração da mulher no processo de desenvolvimento sociopolítico-econômico do país.

No ano seguinte, fundou em parceria com Pedrina de Deus, Jurema Batista, Elizabeth Viana, Ana Garcia e Rosália Lemos, entre outras, o Nzinga — Coletivo de Mulheres Negras, na Associação do Morro dos Cabritos, em Copacabana, do qual participou até 1985. A escolha do nome foi uma homenagem à africana Nzinga, guerreira e estrategista na luta contra o colonizador.

Com uma bolsa concedida pela Fundação Ford para execução do projeto *Mulher negra: Uma proposta de articulação entre raça, classe e sexo*, coautoria com Tereza Cristina Araújo Costa e Lucia Elena Garcia de Oliveira, viajou para os Estados Unidos em 1984. Em Baltimore, no seminário organizado pelo African-American Women's Political Caucus, dialogou e se articulou com lideranças femininas do movimento negro norte-americano, como Angela Davis, Annie Chambers, Queen Mother Moore e Miss Helena B. Moore. As duas últimas, segundo ela, eram verdadeiros arquivos vivos da história do movimento negro americano. Lélia recebeu delas grande estímulo por seu trabalho no Brasil. No relatório de pesquisa após a viagem, expressou todo o seu encantamento com a experiência e com o renome de Angela Davis:

[...] Constatei que a popularidade de Angela Davis entre aquelas mulheres de classe média afro-americanas é enorme, apesar de sua conhecida militância comunista. Mas, ao ouvi-la falar, compreendi, talvez, que essa questão se torna absolutamente secundária: a força e a competência de sua articulação segura, aliadas ao brilhantismo com que expõe suas ideias, transfiguram-na de tal maneira que a plateia fica como que eletrizada, suspensa no fio de suas palavras. E todo aquele arrebatamento que observei e também vivenciei remete-nos a algo que nos é muito caro: a força da dignidade da mulher negra. E aquela mulher franzina, que se agiganta no momento em que fala, passava isso para todas nós; esse orgulho de nós mesmas, essa perseverança na resistência, essa autoconfiança em termos do nosso papel. Naquela manhã de 10 de agosto, sentíamo-nos felizes e fortes por sermos mulheres negras...[1]

Lélia dominava o francês, o inglês e o espanhol. Com essa proficiência, dialogava com estudiosos e ativistas internacionais. Quando não tinha a oportunidade de interagir pessoalmente, ela o fazia por correspondência. Assim foi com o historiador norte-americano Thomas Skidmore.

---

1. Tereza Cristina Araujo Costa, Lucia Elena Garcia de Oliveira e Lélia Gonzalez, *Mulher negra: Uma proposta de articulação entre raça, classe e sexo*. Rio de Janeiro: Fundação Ford, 1983.

Com Angela Davis no seminário 1985 & Beyond.
Baltimore, Estados Unidos, 1984.
Acervo Lélia Gonzalez.

Não existiam fronteiras para ela. Nessas viagens mundo afora, buscou angariar recursos financeiros junto a órgãos internacionais para execução da agenda política do grupo Nzinga, do qual se tornou coordenadora, vivendo de perto as dificuldades para pôr em prática seus projetos.

Em Nairóbi, participou da III Conferência Mundial sobre a Mulher, evento de encerramento da Década da Mulher 1975-85, que reuniu feministas do mundo todo. Em solo africano, Lélia aproveitou para visitar comunidades rurais locais. Para ela, mergulhar profundamente nas matrizes — religiosas, culturais, históricas — africanas era fundamental para o conhecimento de nossa cultura "africanizada". Além disso, incentivava a leitura de Aimé Césaire, Agostinho Neto, Amílcar Cabral e outros escritores africanos e da diáspora africana.

O mundo estava conhecendo Lélia Gonzalez. Se viva fosse, hoje ela seria considerada uma cosmopolita, cidadã do mundo e conhecedora de diversas culturas e línguas. No entanto, seu foco de luta no mundo e sobretudo no Brasil era a mulher negra. Para além do compromisso pessoal, o empenho de Lélia era voltado para um coletivo do qual ela também fazia parte.

Em Roma, foi convidada a integrar o Conselho Diretor da Society for International Development (SID), no qual

O *internacionalismo: Do Brasil para o mundo* 83

atuou durante um ano. Aqui no Brasil, tornou-se professora do Departamento de Sociologia e Política da PUC-Rio e diretora do Planetário da Gávea.

Entre uma atividade e outra, fazia as malas e viajava para onde a convidavam. Em 1987, participou do Festival Pan-Africano de Artes e Cultura (Fespac), em Dakar; Abdias Nascimento integrou o Comitê Dirigente Internacional do Festival. A ideologia pan-africanista estava em evidência desde o início do século XX na voz do afro--americano W. E. B. Du Bois, tendo como propósito a criação de uma unidade africana. Lélia sempre defendeu a descolonização dos países africanos e afirmava que o Brasil deveria romper relações diplomáticas com Estados que mantinham políticas racistas, como a África do Sul, onde Nelson Mandela — ícone da luta contra o apartheid em seu país — continuava preso; sua libertação era um assunto que fazia parte das agendas políticas dos movimentos negros desde a década de 1970.

Em Miami, Lélia participou da Conferência da Negritude, movimento que tinha como um de seus maiores expoentes Aimé Césaire, a quem Lélia conheceu durante o evento. O escritor e intelectual martinicano fundara em Paris, nos anos 1930 — ao lado do franco-guianense Léon Damas e do senegalês Léopold Sédar Senghor, e a partir da publicação da revista *L'Étudiant Noir* —, o movimento da Negritude, termo criado por ele. No final da década de 1980, as viagens ao exterior começaram a diminuir, enquanto no cenário nacional Lélia estava em plena atuação no Conselho Deliberativo do Memorial Zumbi, no Conselho Nacional dos Direitos da Mulher e no Conselho Internacional do Memorial de Gorée.

Lélia Gonzalez e Benedita da Silva.
Dakar, Senegal, 1986. Acervo Lélia Gonzalez.

6. Lélia Gonzalez tomando partido

O INÍCIO DA DÉCADA DE 1980 marcou uma nova inflexão na trajetória política de Lélia Gonzalez. É o momento de seu envolvimento com a política partidária, no contexto de uma década marcada por grandes (re)ordenamentos políticos no Brasil.

A Arena (Aliança Renovadora Nacional), partido que sustentava o regime militar, foi rebatizada de PDS (Partido Democrático Social) e então PFL (Partido da Frente Liberal), após uma dissidência. O MDB (Movimento Democrático Brasileiro), partido de oposição ao regime, foi rebatizado de PMDB (Partido do Movimento Democrático Brasileiro).[1]

---

1. Em 2007 o PFL passou a se chamar DEM (Democratas), que se fundiu, em 2022, ao PSL (Partido Social Liberal), dando origem ao União Brasil. Em 2017, o PMDB voltou a ser apenas MDB.

Com o fim do bipartidarismo, novas alianças políticas começaram a surgir no Brasil, e novos partidos se formaram, como o PT (Partido dos Trabalhadores) e o PDT (Partido Democrático Trabalhista). Em meio a essa efervescência política, social e cultural, os movimentos de resistência social ganharam força e visibilidade.

Em 1981, Lélia já militava no Partido dos Trabalhadores, fazendo da luta contra o racismo sua plataforma política e assumindo sua identidade de mulher negra com posições ideológicas de esquerda. Acreditava que esse era o espaço no qual a possibilidade de emancipação dos negros e a tão almejada igualdade encontrariam um terreno fértil.

A decepção não tardou a chegar: logo vivenciou as dificuldades e a resistência que o partido tinha em colocar na pauta e na ação o enfrentamento à questão racial. Persistia tanto no pensamento da esquerda como no da direita brasileiras a ideia da "democracia racial", que encobria as assimetrias sociais e o racismo arraigado na sociedade.

Lélia não se furtou à necessidade de influir nesse campo, por mais contraditória e árida que tal tarefa se mostrasse. Sobre esse envolvimento nos dá testemunho Luiza Bairros: "As cautelas de Lélia em relação à cooptação não fizeram dela uma militante avessa à participação em setores políticos fora do movimento negro. Pelo contrário,

Lélia Gonzalez em campanha eleitoral para deputada federal pelo PT, no centro do Rio de Janeiro, 1982. Arquivo Januário Garcia/Acervo Instituto Moreira Salles

ela temia que sucumbíssemos às tentativas do sistema de nos 'guetizar'".[2]

Assim, ela militou no PT entre 1981 e 1985, integrando o Diretório Nacional do partido por três anos. Foi candidata a deputada federal, em 1982, mas não conseguiu se eleger e ocupou a primeira suplência da bancada. Sua campanha, intitulada "Maiorias Silenciadas" — e não silenciosas —, baseou-se na agenda dos movimentos negros e de mulheres. O ponto-chave eram os sujeitos dos novos movimentos sociais surgidos no Brasil por ocasião da redemocratização: as mulheres, os negros, os indígenas e os LGBT+. A questão da discriminação e do preconceito era uma forte bandeira de luta comum a esses grupos, que buscavam espaços de poder para pautar suas demandas, apesar das especificidades de cada um. Porém, essas questões não eram contempladas pelo partido, o que motivou sua saída do PT.[3]

---

2. Luiza Bairros, "Lembrando Lélia Gonzalez". *Afro-Ásia*, Salvador, n. 23, 2000.

3. Raquel de Andrade Barreto, *Enegrecendo o feminismo ou feminizando a raça*, op. cit.

Deixando o partido

Em artigo publicado na *Folha de S.Paulo* em 1983, Lélia criticou duramente o programa televisivo do PT que foi apresentado em rede nacional. Entre os dez temas abordados, não foi mencionada a situação dos afrodescendentes, o que ela considerou "racismo por omissão" — um dos aspectos da ideologia do branqueamento.

Por outro lado, Lélia chamou a atenção para o fato de que nem todos os companheiros de partido eram descomprometidos com a causa e, por isso mesmo, o racismo deveria ser tratado com mais seriedade, levando em conta suas implicações na sociedade: desigualdade, inferiorização, marginalização etc. Concluiu o artigo destacando que:

> O ato falho com relação ao negro que marcou a apresentação do PT me pareceu de extrema gravidade não só porque alguns dos oradores que ali estiveram possuem nítida ascendência negra, mas porque se falou de um sonho; um sonho que se pretende igualitário, democrático etc., mas exclusivo e excludente. Um sonho "europeizantemente" europeu. E isso é muito grave, companheiros. Afinal, a questão do racismo está intimamente ligada à suposta superioridade cultural. De

quem? Ora... Crioléu, mulherio e indiada deste país: se cuida, moçada![4]

Em 10 de novembro de 1985, ela encaminha ao presidente do partido, Lula, a carta na qual expõe os motivos para sua solicitação de afastamento:

Caro companheiro

Pelo fato de discordar das práticas desenvolvidas pelo PT/RJ (expostas em carta dirigida ao companheiro Lula datada de 07/11/85), sobretudo no que diz respeito ao estreitamento de espaços para uma política voltada às chamadas minorias, peço meu desligamento do PT, declarando ao mesmo tempo que estou encaminhando minha filiação ao PDT, onde acredito poder melhor trabalhar em termos de implementação da política supracitada.

Declaro, por outro lado, que não é sem dificuldades que tomo esta decisão. Afinal, foi graças ao PT (às suas propostas) que me decidi a entrar na vida político-partidária, acreditando na possibilidade de inovação dentro da mesma. Disso, não poderei me esquecer; embora sabendo que os caminhos são

---

4. Lélia Gonzalez, "Racismo por omissão". In: *Por um feminismo afro-latino-americano*, op. cit., p. 221.

Lélia Gonzalez tomando partido

tortuosos e que a luta não pode deixar de continuar junto com e em favor dos explorados, oprimidos, discriminados.

Com o respeito de sempre, as saudações cordiais de quem sempre buscou estar nas lutas dos discriminados.

Lélia de A. Gonzalez

Rio de Janeiro, 10/11/1985.
Ao Presidente do Partido dos Trabalhadores/RJ
Caro companheiro

Pelo fato de discordar das práticas desenvolvidas pelo PT/RJ (expostas em carta dirigida ao companheiro Lula, datada de 7/11/85), sobretudo no que diz respeito ao estreitamento de espaços para uma política voltada para as chamadas minorias, peço meu desligamento do PT, declarando ao mesmo tempo, que estou encaminhando minha filiação ao PDT, onde acredito poder melhor trabalhar em termos de implementação da política supracitada.

Declaro, por outro lado, que não é sem dificuldades que tomo esta decisão. Afinal, foi graças ao PT (às suas propostas) que me decidi a entrar na vida político-partidária, acreditando na possibilidade de inovação dentro da mesma. Disso, não poderei me esquecer; embora sabendo que os caminhos são tortuosos e que a luta não pode deixar de continuar junto com e em favor dos explorados, oprimidos, discriminados.

Com o respeito de sempre, as saudações cordiais de quem sempre buscou estar nas lutas dos discriminados

Lélia de A. Gonzalez

Fac-símile da carta de desligamento do PT, 1985.
Acervo Lélia Gonzalez.

Em 1986, convidada por Abdias Nascimento, Lélia se candidata a deputada estadual pelo PDT, elegendo-se primeira suplente. Sobre a filiação de Lélia ao partido liderado por Leonel Brizola, a pesquisadora Elisa Larkin relata que

> o PDT foi o primeiro partido a assumir como prioridade programática a questão racial e, mais do que isso, por insistência também do Abdias, e do grupo que o acompanhava evidentemente, mas ele era o grande porta-voz [...]. Eu acredito que quando Lélia sai do PT e vai para o PDT é por causa disso, porque ela está optando pelo partido que melhor definiu e agiu sobre a questão racial na sua ação política.[5]

Em sua plataforma eleitoral, ela assumiu mais uma vez o compromisso político com a mulher negra e com a descolonização da cultura. Para seu folder de campanha elaborou um texto denominado "Odara Dudu: Beleza negra", no qual enaltecia os blocos afro Ilê Aiyê, de Salvador, e Agbara Dudu, do Rio de Janeiro.[6] Para além da festividade, essas

---

5. Entrevista concedida por Elisa Larkin Nascimento a Rosana Chagas em 14 de outubro de 2011, no Rio de Janeiro, para o Projeto Memória — Lélia Gonzalez: O feminismo negro no palco da história.
6. Folder localizado no terreiro Ilê Oxum Apará (Itaguaí, RJ), Acervo Lélia Gonzalez, durante pesquisa de campo realizada no mês de agosto de 2011.

Folder da campanha de Lélia para deputada federal pelo PDT do Rio de Janeiro, 1987.
Arquivo Januário Garcia/Acervo Instituto Moreira Salles

entidades desenvolviam atividades didático-educativas e concursos de estética, como forma de valorizar, resgatar e afirmar uma identidade negra. Segundo Lélia, essas atividades faziam com que a nossa etnia tomasse consciência do seu papel de sujeito de sua própria história e de sua importância na construção não só deste país, como nas de muitos outros das Américas.

Portanto, a opção de Lélia pela política partidária e pela participação nos processos eleitorais ligava-se às suas preocupações em tornar público o debate a respeito da questão racial no Brasil e fazer avançar a agenda de promoção da igualdade racial. Ela estava convencida de que seria no campo político da esquerda que a militância negra encontraria as melhores condições para pautar suas reivindicações.

Após uma exaustiva campanha eleitoral, e nem tão exitosa, Lélia foi empossada diretora do Planetário da Gávea, assumindo o posto no dia 27 de agosto de 1987. No mesmo ano, em tributo à cultura popular brasileira, publicou o livro *Festas populares no Brasil*. Lélia dava então aulas sobre folclore brasileiro no Departamento de Artes da PUC-Rio, e a obra, composta por imagens de conhecidos fotógrafos do folclore nacional, foi premiada na categoria "Os mais belos livros do mundo" na Feira de Leipzig em 12 de março de 1989.

Lélia Gonzalez tomando partido

Um bom Conselho

Em 1985, Lélia é convidada a integrar o recém-criado Conselho Nacional dos Direitos da Mulher (CNDM), órgão federal instituído com o objetivo de promover, em âmbito nacional, políticas que visem eliminar a discriminação da mulher, assegurando-lhe condições de liberdade e igualdade de direitos, bem como sua plena participação nas atividades políticas, econômicas e culturais do país, conforme o decreto de criação.

Com Ruth Escobar na presidência, o conselho também contava com Carmen Barroso, Tizuka Yamasaki, Maria Betânia Ávila, Maria da Conceição Tavares, Rose Marie Muraro, Maria Elvira Salles Ferreira, Sonia Germano, Marina Colasanti, Margarida Genevois, Jacqueline Pitanguy, Benedita da Silva, Ruth Cardoso e Hildete Pereira de Melo, entre outras. Lélia permanece na função até 1989.

Em novembro de 1988, por ocasião do centenário da Lei Áurea, a conselheira Lélia é uma das expoentes do Tribunal Winnie Mandela, promovido pelo Programa da Mulher Negra do CNDM em parceria com a OAB-SP. O tribunal reuniu diversas organizações da sociedade civil, numa espécie de júri simulado, para discutir o racismo no Brasil.

No mês seguinte, Lélia participa do i Encontro Nacional de Mulheres Negras (ENMN), em Valença, no Rio de Janeiro. O evento mobilizou cerca de 440 participantes de dezenove estados brasileiros. O discurso de abertura destacava:

> No processo de revisão do lugar da mulher negra na sociedade brasileira desencadeado pelos movimentos de mulheres há uma década, a questão da mulher negra passa assim a constituir agente fundamental da reconstrução deste país; a partir dessa expectativa surge o nosso i Encontro Nacional de Mulheres Negras do país. Ao lado da reflexão do papel da mulher negra na sociedade brasileira, pretendemos neste encontro desenvolver uma discussão acerca da relação entre mulher negra e principais atividades da vida social, com a necessidade de aprofundar essa relação, que envolve a participação de entidades organizadas do movimento social.[7]

O encontro foi um momento crucial para o fortalecimento das organizações das mulheres negras, o surgimento de novas lideranças e redimensionamento da agenda política.

---

7. i Encontro Nacional de Mulheres Negras. Valença: Enúgbarijo Comunicações, 1988. Parte i. Acessado em: <https://www.youtube.com/watch?v=VLib9atLXWo>.

7. Abolição da escravatura: Cem ou sem anos?

A PROMULGAÇÃO DA CARTA CONSTITUCIONAL de 1988 apresentou alguns avanços no que dizia respeito à questão racial brasileira, em especial quanto à prática do racismo. Desde então, e pela primeira vez na história da legislação brasileira, o racismo se tornou crime — "inafiançável e imprescritível, sujeito à pena de reclusão, nos termos da lei". Um importantíssimo passo à frente em relação à Lei Afonso Arinos (nº 1390/51, retificada pela lei nº 7437/85), que proibia a discriminação racial no país mas não a criminalizava. O ano de 1988 foi também o centenário da Abolição no país. De um lado, as comemorações oficiais festejavam o fim da escravidão e a "democracia racial". De outro, lideranças e ativistas do movimento negro, do qual Lélia fazia parte, denunciavam a discriminação, o racismo e a farsa da cordialidade entre as raças/etnias na sociedade brasileira. Para essas lideranças, não havia razões para que se comemorasse a Abolição, como se desigualdades e racismo não existissem. A ocasião, diziam, deveria ser transformada em Dia Nacional de Denúncia contra o Racismo.

Com isso, entre tantas iniciativas, foi organizada a Marcha Contra a Farsa da Abolição no Centro do Rio de Janeiro. A mobilização causou certo desconforto, e a Central do Brasil, palco de manifestações no Rio de Janeiro, amanheceu no dia 11 de maio cercada de policiais para impedir que a caminhada prosperasse. Apesar da intimidação, o protesto aconteceu.

No dia 20 de novembro do mesmo ano, outra marcha foi organizada, em homenagem ao dia da morte de Zumbi, liderança quilombola de Palmares. Nessa manifestação, Lélia Gonzalez esteve presente e enalteceu a memória de Zumbi, ao lado de grandes expoentes do movimento, como Abdias Nascimento, Benedita da Silva e outros:

> Zumbi, herói nacional que foi liquidado pela traição das forças colonialistas, [...] o grande líder do primeiro Estado livre de todas as Américas, coisa que não se ensina às nossas crianças nas escolas, [...] as nossas crianças não sabem e, quando eu falo de nossas crianças, tô falando de crianças negras, bran-

Abolição da escravatura: Cem ou sem anos?

cas, amarelas, não sabem que o primeiro Estado livre de todo o continente americano surgiu no Brasil e foi criado pelos negros, pelos negros que resistiram, resistiram à escravidão e se dirigiram para o sul da capitania de Pernambuco, atual estado de Alagoas, a fim de criar uma sociedade livre, igualitária, uma sociedade alternativa, onde negros, índios, brancos pobres viviam no maior respeito, proprietários da terra e senhores do produto do seu trabalho. Palmares é um exemplo livre, típico de uma nacionalidade brasileira que ainda está por se constituir, nacionalidade esta pela qual negros e brancos lutam nesse momento, lutando para que este país se transforme efetivamente numa democracia.[1]

No ano seguinte, 1989, Lélia viajou para Dakar a fim de participar da assembleia constituinte da Fondation Mondiale pour Mémorial et La Sauvegarde de Gorée, tornando-se membro do Conselho Internacional do Memorial de Gorée. A organização era dedicada à construção de um memorial aos africanos escravizados na ilha senegalesa que, no passado, serviu como entreposto do comércio escravista.

---

1. Discurso de Lélia no evento A Marcha Negra, realizado no Rio de Janeiro em 1988. Acessado em "Usando a língua", TP 01, EP 05, 2024; <http://cultne.com.br/video.php?id_video=1>.

8. Década de 1990: Como cangiraué, Lélia foi para o Orum

A DÉCADA DE 1990 TROUXE a expectativa e a euforia com a proximidade do ano 2000 e de um novo século. No contexto de consolidação da democracia, cresce o número de organizações não governamentais que estrategicamente redimensionam suas agendas, incluindo em suas prioridades a luta por políticas públicas. Entre elas, estavam as organizações de mulheres negras que começaram a pipocar Brasil afora.

Para Lélia, foi uma fase de grande reflexão e autocrítica de uma mulher que mergulhou de cabeça na militância e não priorizou seus projetos pessoais. O ativismo e a entrega sem reservas às demandas que isso implicava acabavam deixando em segundo plano as possibilidades de organizar seu pensamento, seu legado. Talvez, não sabemos ao certo, ela acreditasse que haveria um tempo em que pudesse se recolher e registrar para as gerações de militantes que inspirou, ou formou, suas contribuições para as questões de gênero e raça no Brasil. O tempo, contudo, não lhe foi tão generoso.

Eu achava que tinha que estar em todas, me jogando loucamente, e meu projeto pessoal se perdeu muito, agora que eu estou catando os pedaços para poder seguir a minha existência enquanto pessoinha que sou. E a gente sai muito ferido e machucado dessa história toda. Porque, evidentemente, seu sonho é tão grandioso e a realidade é tão... que você sai machucado. Machucado não só porque você investiu demais nesse tipo de projeto, mas machucado também pelas porradas que os outros lhe dão, não há dúvidas. A questão da militância tem que ter esse sentido, e aí nós temos que aprender com os nossos antigos, os africanos, esse sentido da sabedoria, esse sentido de saber a hora em que você vai interferir e como você vai interferir, fora desse lance individualista. É importante distinguir o seguinte: projeto pessoal não quer dizer individualismo, não. É você se ver na sua dignidade de ser humano.[1]

---

1. Lélia Gonzalez, "Entrevista ao *Jornal do MNU*". In: *Por um feminismo afro-latino-americano*, op. cit., p. 334.

Década de 1990: Como cangiraué, Lélia foi para o Orum

Nesse período de reflexão, Lélia se afastou da militância e, publicamente, expressou sua decepção com aqueles/as que se deixavam cooptar pela lógica do sistema capitalista e abandonavam seus ideais. O machismo dentro do próprio movimento negro também lhe causava desconforto, uma vez que a tão almejada igualdade sempre havia sido uma bandeira de luta.

Ao retornar de uma viagem à África, em 1992, conta-nos sua sobrinha Eliane de Almeida, Lélia estava com uma ferida nas costas e preocupada porque não cicatrizava. Após fazer alguns exames, foi diagnosticada com diabetes tipo B, e a dieta e o tratamento eram inevitáveis. Manéu, seu filho, comentou:

> Fiquei um período sem encontrá-la. Passei por um momento difícil na minha vida, me separei da minha mulher Joyce e, nesse intervalo, voltei a morar com Lélia. Quando a vi, tomei um susto, ela estava muito magra.[2]

Além da família, sempre presente para acolhê-la, os amigos Januário Garcia e Ana Maria Felippe ofereceram total

---

2. Entrevista concedida por Rubens Rufino a Schuma Schumaher e Antonia Ceva em 20 de outubro do 2011, em Brasília/DF, para o Projeto Memória — Lélia Gonzalez: O feminismo negro no palco da história.

apoio. Quando esteve mais debilitada, ele a acompanhava ao médico e ao Departamento de Sociologia e Política da PUC-Rio, do qual se tornou diretora poucos meses antes de falecer. Lélia buscou também um tratamento espiritual com seu orientador e babalorixá Jair de Ogum, para quem doou todo o seu acervo.

Quando Manéu reatou seu casamento com Joyce, Eliane de Almeida e suas duas filhas, Gabriela e Ísis, foram morar com Lélia. Todos estavam preocupados com seu estado de saúde, que evoluiu para uma insuficiência cardíaca, uma das sequelas do diabetes.

A passagem, mas não o final de uma trajetória: Benditos os frutos

Lélia era uma mineira de alma carioca, apaixonada por samba e futebol. Torcedora do Flamengo, não chegou a comemorar o tetracampeonato brasileiro na Copa de 1994. No dia 10 de julho, sua sobrinha estranhou seu recolhimento até a hora do almoço e foi chamá-la para comer uma carne assada com macarrão, um de seus pratos prediletos:

No dia 10 de julho vou acordá-la e a encontro morta [...]. Foi em casa, do jeito que ela pediu. Nós conversamos até tarde, era jogo do Brasil, mas não assistimos porque ela ficava nervosa. Nesse dia ela falou que não queria beber porque estava um pouco enjoada, tomou suco, beliscou algumas coisas e me fez seu último pedido: "Amanhã você faz o macarrão com carne assada que eu adoro?".[3]

Como cangiraué, tinha partido para o Orum.[4]

Lélia Gonzalez, uma das memórias do movimento negro e de mulheres do Brasil, reinterpretou a história nacional sob a ótica da mulher negra. Por esse feito, pesquisadores, estudiosos, militantes e amigos têm se esforçado para visibilizar e registrar sua vida e sua obra. Sem dúvida, ela tem um lugar especial no coração e na ação política dessas maiorias silenciadas — nunca silenciosas.

---

3. Entrevista concedida por Eliane de Almeida a Antonia Ceva, em 17 de outubro de 2011, no Rio de Janeiro, para o Projeto Memória — Lélia Gonzalez: O feminismo negro no palco da história.
4. Na linguagem dos africanos de Milho Verde (MG), cangiraué é um passarinho (Paulo Corrêa Barbosa e Schuma Schumaher, *Minas de quilombos*. Brasília: MEC-Secad, 2008). Orum, no candomblé, religião de matriz africana, é o mundo dos espíritos habitado por orixás e pelos ancestrais.

Epílogo
Lélia, a libertadora[1]

"POR AÍ SE ENTENDE"[2] como Lélia Gonzalez teve um efeito libertador para a minha geração. Por meio de nós e de sua própria figura, ela continua tendo esse efeito libertador que se conecta muito com a nossa ancestralidade, expressa na história. Num espelho de Nanny, a líder jamaicana durante a escravidão naquele país, que Lélia descreve como "a ancestral mítica originária de quem todos os *maroons* se consideram descendentes" e um dos pilares da amefricanidade,[3] somos todas descendentes de Lélia, que é também descendente dos homens e mulheres que aqui desembarca-

---

1. Em depoimento a Fernanda Silva e Sousa, em maio de 2024.
2. Esse era um cacoete de linguagem de Lélia quando falava em público.
3. Cf. Lélia Gonzalez, "Nanny: Pilar da amefricanidade". In: *Por um feminismo afro-latino-americano*. Org. de Flavia Rios e Márcia Lima. Rio de Janeiro: Zahar, 2020, pp. 151-7.

ram no primeiro navio negreiro. De modo que, se ela teve esse efeito libertador para nós, isso foi possível porque ela buscou inspiração no passado, em uma figura como Nanny, fundamental na luta anticolonial, reverenciada e exaltada na história da Jamaica como heroína nacional. A partir de Nanny, Lélia ressignificou os fragmentos e vestígios dessa personagem para ancorar o nosso modelo de resistência enquanto mulheres negras, deslocando nosso imaginário de uma figura masculina como princípio de liberdade para uma figura feminina negra, afinal "Nanny está para a Jamaica assim como Zumbi está para o Brasil".[4] Nanny representa, assim, uma fonte de inspiração e um modelo de mulher negra libertária, reverberando no caráter emancipatório que a ação de Lélia Gonzalez foi adquirindo ao longo de sua ação política.

Esse movimento libertador é ancestral, e se dá num tempo espiralar — como formulado por Leda Maria Martins —[5] que experimentamos em nossa luta e em nosso cotidiano, como o ideograma africano chamado Sankofa, que ilustra um pássaro olhando para trás, cujo significado é: a sabedoria de aprender com o passado para melhorar o

---

4. Ibid., p. 153.
5. Leda Maria Martins, *Performances do tempo espiralar: Poéticas do corpo-tela*. Rio de Janeiro: Cobogó, 2021.

Epílogo

presente e construir o futuro. Nesse sentido, a nossa ancestralidade ecoa o tempo todo nas ressignificações que fazemos para o legado que cada uma de nós quer deixar às novas gerações, e ecoa também aqui em *Lélia Gonzalez: Um retrato*.

Nesse perfil biográfico e político de uma das grandes ativistas da diáspora negra, ao olharmos para a trajetória de Lélia Gonzalez dentro de um contexto histórico, sua contribuição para os movimentos negro e feminista, sua produção acadêmica nos estudos de raça e gênero, vemos um continuum. Que se liga ao passado — e a família entra aqui não como uma árvore genealógica mas trazendo uma memória ancestral, resgatando origens, costumes, tradições e aspectos da biografia de Lélia que são especialmente inspiradores, comoventes e libertadores — e também ao futuro.

Lélia tinha a coragem e a generosidade de colocar as próprias dores, inseguranças e contradições como elementos para ajudar na compreensão de si mesma e de outras mulheres negras, por exemplo suas experiências com o cabelo crespo e o inferno que se vive (também nesse quesito) sob o modelo branco hegemônico. Ela é capaz de falar de tal sofrimento e narrar o processo de emancipação desse aprisionamento estético, trazendo para o centro do seu discurso uma experiência traumática que é absolutamente comum para todas as mulheres negras, mas com a qual em geral se lida em segredo, como não dito, vergonha. E assim, ao se expor, ela expõe a nós mesmas, oferecendo-se generosamente como exemplo.

O mesmo movimento ocorre com relação ao estigma da doméstica, um lugar que ela também vivenciou ao trabalhar como babá, e a outros estigmas que nos assolam. Lélia incorpora todas essas experiências que nós vivenciamos como quem diz: "Irmã, você não está sozinha nesse sofrimento. Eu também já passei por isso". Por mais que ela estivesse tratando de experiências muito dolorosas, era uma mulher vitoriosa e exuberante que nos levava a pensar, quando a escutávamos: "Se a grande Lélia Gonzalez viveu isso e superou, então nós também podemos". E esse efeito libertador que ela causava ganha proporções maiores quando pensamos que ela é de uma geração de meninas negras que viviam uma repressão muito grande em todos os níveis da vida, especialmente da sexualidade e da estética, inseridas em famílias negras em busca de mobilidade social e da reprodução do padrão nuclear da família burguesa branca, assombradas pela memória do estupro colonial e do uso e abuso das mulheres negras por homens brancos.

Mas Lélia era uma mulher que dizia em praça pública que devíamos resistir a essas formas de controle do nosso

Epílogo

corpo, pois ser uma moça "recatada" implicava renunciar a todos os nossos traços culturais e étnicos e, sobretudo, a nossa própria sexualidade. Ela era alguém que anunciava a boa-nova: a de que não vamos abrir mão do que somos em nome de uma moral burguesa hipócrita e repressora. Somos mulheres sensuais e pertencemos a uma cultura que tem componentes lúdicos e valores emancipatórios que nós devemos preservar. E essa era uma das lições mais comoventes e emocionantes nos seus discursos que pude ouvir. Lélia era uma grande oradora e foi assim que ela nos ensinou: como uma filósofa da Antiguidade falando em praça pública.

Neste livro podemos acompanhar o lindo desabrochar de uma mulher negra prenhe de valores identitários, orgulhosa desse pertencimento, que exibe toda a sua exuberância e, ao mesmo tempo, sua fragilidade, sem deixar de expor seu sofrimento, tampouco suas decepções e frustrações com partidos políticos, como observamos na carta contundente dirigida ao Lula, que é de uma coragem imensa num momento em que ele era quase intocável e o partido vivia uma fase muito especial. É uma crítica que, aliás, segue absolutamente atual. Lélia era autêntica e insurgente e, não à toa, foi homenageada em vários momentos em que a história do feminismo é contada no Brasil — e não apenas do feminismo negro. Ela é uma presença inegociável no feminismo brasileiro e no feminismo global.

Do ponto de vista internacional, Lélia faz parte de uma geração de ativistas e pensadores negros que estava dialogando com a África e a diáspora africana, compondo a cena intelectual pan-africanista em que ela e Abdias Nascimento são pioneiros. É com intelectuais africanos e afrodiaspóricos contemporâneos seus, também nascidos nas primeiras décadas do século xx,[6] que ela estabelece interlocução, somando coro tanto a uma crítica anticolonial nos processos de emancipação dos países africanos quanto à denúncia do racismo nas Américas. Ela é produto desse tempo, filha de uma geração da diáspora que lutou pelos direitos da população negra, tomando parte num grande levante contra o colonialismo. Nesse sentido, seguir seu roteiro de viagens pelo continente africano, observando por onde ela esteve e com quem esteve, cartografando suas andanças por lá, é sem dúvidas um tema ainda a ser investigado.

A história de Lélia aqui contada também nos conduz a ir na contramão da ideia de mobilidade social individual típica do neoliberalismo, marcada por um individualismo exacer-

---

6. Como é o caso de Kwame Nkrumah, nascido em 1909; Amílcar Cabral, em 1924; Patrice Lumumba, em 1925; Aimé Césaire, em 1913; Frantz Fanon, em 1925.

Epílogo

bado. Ela era uma mulher que acreditava na organização política e na luta coletiva como elementos essenciais para o processo de emancipação. Para ela, o discurso de que "a favela venceu" seria falacioso, pois a mobilidade individual é completamente inviável para pessoas negras, sobretudo quando o sucesso individual sempre foi usado contra a luta coletiva, com o intuito de legitimar o mito da democracia racial. A vida de Lélia Gonzalez é um testemunho de combate às ideias de meritocracia e superação, ao ter estado presente em momentos cruciais de organização coletiva das demandas da população negra, com uma fé inabalável de que todas/os nós devemos ocupar o palco da história para transformá-la. Não à toa, a lei nº 10 639/2003 reconhece a luta de gerações de ativistas negras/os como Lélia Gonzalez que, através das muitas militâncias que inspirou, segue escrevendo e reescrevendo o lado negro da história do Brasil.

Anexo
Carta de Lélia a seu irmão Francisco

Meu adorado irmão.

Vi que ao lhe dar conhecimento da minha resolução, você, ficou profundamente entristecido, tanto assim que tentou aceitar como satisfatória, para você, tal conclusão, no entanto, pude notar que você aceitou-a com uma profunda melancolia. Tal reação entristeceu-me sobremaneira; assim é que já estando deitada há cêrca de uma hora não consegui adormecer pensando em você. Querido Francisco, sei que você está, digamos, decepcionado com a solução que lhe apresentei, espero no entanto, que você se esforce por compreendê-la a ponto de achá-la bastante razoável. Feito isto, quero que você não deixe de continuar na sua tão grande, talvez a mais elevada, tarefa de apoio à sua irmãzinha que dela tanto necessita. Realmente, Francisco, sem o seu apoio moral eu não poderia prosseguir nessa estrada tão cheia de espinhos e decepções. Tentarei explicar-lhe de um modo mais claro o porquê dessa resolução (só sei explanar um assunto com clareza quando o transporto para o papel).

Como você sabe, o curso de medicina tem a duração de seis anos. Confesso-lhe que ao meditar profundamente no caso, tive (por que não dizê?) mêdo de ~~enfrentá-la realmente meu mêdo~~ ~~por êsse caminho em vistude de uma série de fatores.~~ enfrentá-lo. Realmente, meu irmão, tive e tenho mêdo de enveredar por êsse caminho em virtude de uma série de fatores. Não sei se você me conhece tão profundamente sob o aspecto sentimental (não se assuste). Talvez você não saiba que eu possuo um espírito profundo apegado às coisas do lar. Sim, Francisco, entre os meus sonhos está aquêle em que me vejo em um lar cercada de filhos. Creio que uma das minhas maiores aspirações é cumprir a sublime missão de mãe. Sim, meu irmão, desejo ter um lar e filhos a quem possa cuidar com todo o carinho, amor e espiritualismo. Quero ser uma criatura dedicada ao lar, procurando cristamente encaminhar

Meu adorado irmão.

Vi que, ao lhe dar conhecimento da minha resolução, você ficou profundamente entristecido, tanto assim que tentou aceitar como satisfatória, para você, tal conclusão, no entanto, pude notar que você aceitou-a com uma profunda melancolia. Tal reação entristeceu-me sobremaneira; assim é que, já estando deitada há cerca de uma hora, não consegui adormecer pensando em você. Querido Francisco, sei que você está, digamos, decepcionado com a solução que lhe apresentei; espero, no entanto, que você se esforce por compreendê-la a ponto de achá-la bastante razoável. Feito isto, quero que você não deixe de continuar na sua tão grande, talvez a mais elevada, tarefa de apoio à sua irmãzinha que dela tanto necessita. Realmente, Francisco, sem o seu apoio moral eu não poderia prosseguir nessa estrada tão cheia de espinhos e decepções. Tentarei explicar-lhe de um modo mais claro o porquê dessa resolução (só sei explanar um assunto com clareza quando o transporto para o papel).

Como você sabe, o curso de medicina tem a duração de seis anos. Confesso-lhe que, ao meditar profundamente no caso, tive (por que não dizer?) medo de enfrentá-lo. Realmente, meu irmão, tive e tenho medo de enveredar por esse caminho em virtude de uma série de fatores. Não sei se você me conhece tão profundamente sob o aspecto sentimental (não se assuste). Talvez você não saiba que eu possua um espírito profundamente apegado às coisas do lar. Sim, Francisco, entre os meus sonhos está aquele em que me vejo em um lar cercada de filhos. Creio que uma das minhas maiores aspirações é cumprir a sublime missão de mãe. Sim, meu irmão, desejo ter lar e filhos de quem possa cuidar com todo o carinho, amor e espiritualismo. Quero ser uma criatura dedicada ao lar, procurando cristãmente encaminhar os espíritos que fôrem colocados sob a minha guarda. Não que ao que veja nessas palavras uma leviandade de môça fútil, absoluta, pois quem fala nêsse momento é o meu espírito, profundo convicto de suas idéias. Muito bem; diga-me, se eu fizesse medicina poderia realizar o que desejo? Creio que não, pois, se fôsse médica, dedicar-me-ia única e exclusivas à minha profissão. Sei que nela encontraria os filhos espirituais, isto é; dedicando-me aos necessitados e aos enfermos em geral, encontraria pessoas que me dedicassem uma afeição profunda. Falta-me, no entanto, o egoísmo característico do ser humano, que os teu filhos meus. Espero que você possa alcançar o espírito destas palavras.

Também não poderia fazer tal curso em virtude das minhas tendencias serem para as matérias em que se possa observar o espírito das coisas (História, Geografia, Literatura, Filosofia, idiomas etc.) e não para disciplinas que apesar de belíssimas, acho um tanto frias como as ciências em geral. Como você pode notar as minhas aptidões reais não coadunam com a medicina. No entanto, quisera eu que você se sentisse tão contente com a Filosofia (que é o curso que farei) como se fôsse medicina. Espero isto de você pois sem a sua ajuda moral perderei 50% das minhas fôrças. Quero que saiba que eu estudo não só para adquirir cultura mas também para dar aos irmãos como você e a mamãe a maior das alegrias.

Vejamos agora o problema sob o aspecto material. Você bem vê a minha situação financeira e, pensando nisso, resolvi (mamãe) uma maneira bem prática de enfrentar as dificuldades. Farei o curso de Filosofia e, ao mesmo tempo, trabalharei a fim de custear os estudos e vestir-me.

Francisco, você que sempre me tem aconselhado, sôbre êsse assunto de amor a um homem. Você já imagi-

Anexo

os espíritos que forem colocados sob a minha guarda. Não quero que veja nessas palavras uma leviandade de moça fútil, absoluta, pois quem fala nesse momento é o meu espírito, profundo/convicto de suas ideias. Muito bem; diga-me, se eu fizesse medicina poderia realizar o que desejo? Creio que não, pois, se fosse médica, dedicar-me-ia única e exclusivamente à minha profissão. Sei que nela encontraria os filhos espirituais, isto é, dedicando-me aos necessitados e aos enfermos em geral, encontraria pessoas que me dedicassem uma afeição profunda. Fala-me, no entanto, o egoísmo característico de ser humano: quero ter filhos *meus*. Espero que você possa alcançar o espírito destas palavras.

Também não poderia fazer tal curso em virtude das minhas tendências serem para as matérias em que se possa observar o espírito das coisas (história, geografia, literatura, filosofia, idiomas etc.) e não para disciplinas que, apesar de belíssimas, acho um tanto frias, como as ciências em geral. Como você pode notar, as minhas aptidões reais não coadunam com a medicina. No entanto, quisera eu que você se sentisse tão contente com a filosofia (que é o curso que farei) como se fosse medicina. Espero isto de você pois sem a sua ajuda moral perderei 50% das minhas forças. Quero que saiba que eu estudo não só para adquirir cultura, mas também para dar aos irmãos como *você* e a mamãe a maior das alegrias.

Vejamos agora o problema sob o aspecto material. Você bem vê a minha situação financeira e, pensando nisso, resolvi (encontrei) uma maneira bem prática de enfrentar as dificuldades. Farei curso de filosofia e, ao mesmo tempo, trabalharei a fim de custear os estudos e vestir-me.

Francisco, você que sempre me tem aconselhado sobre esse assunto de amor a um homem: você já imaginou se eu, por obra nou se eu, por obra do destino, viesse a perder a cabeça, isto é, apaixonar-me por um elemento e abandonasse os estudos? Pois, eu tenho pensado no assunto procurei organizar a minha vida de modo que isto não me venha a ser um impecilho (não se sobressalte porque estou falando do futuro e não do presente). Como você é ciente, eu sou uma jovem como tôdas as outras sujeita a vir a conhecer o amor (é muito lógico para quem quer possuir um lar, não é). No entanto, eu não me afobo com tais coisas pois cada fruto amadurece no seu devido tempo mas acho que é necessário de minha parte, refletir um pouco sôbre o assunto. Pois Francisco, é para evitar tais decepções a mamãe, a você e aos demais que eu tomei esta resolução. Sim, farei o curso de Filosofia pois não quero afastar-me das coisas do espírito e nem tornar-me insensível com relação às aflições do próximo. Quero, antes de tudo, conservar a minha personalidade, ser o que eu me sinto bem em ser; ser aquilo que a minha consciência, o meu espírito aceitam como justo.

Espero que você tenha compreendido o sentido das minhas palavras e que, portanto, esteja menos decepcionado do que demonstrou. Creio que agora dormirei em paz, pois descortinei para você o meu espírito tal como êle é; claro que cheio de defeitos mas com a virtude de querer fazer aquilo que está ao alcance de suas possibilidades.

Não me desampare querido irmão, pois necessito muito do seu conforto espiritual. Da sua irmãzinha

Lélia

Rio 31/III/1957

P.S. - Perdôe-me se não lhe falei verbalmente; porém expresso-me melhor escrevendo.

Acervo Lélia Gonzalez.

Anexo

do destino, viesse a perder a cabeça, isto é, apaixonar-me por um elemento e abandonasse os estudos? Pois, eu tendo pensado no assunto, procurei organizar a minha vida de modo que isto não me venha a ser um empecilho (não se sobressalte porque estou falando do futuro e não do presente). Como você é ciente, eu sou uma jovem como todas as outras, sujeita a vir a conhecer o amor (é muito lógico para quem quer possuir um lar, não é?). No entanto, eu não me afobo com tais coisas pois cada fruto amadurece no seu devido tempo, mas acho que é necessário de minha parte refletir um pouco sobre o assunto. Pois, Francisco, é para evitar tais decepções a mamãe, a você e aos demais que eu tomei esta resolução. Sim, farei o curso de filosofia pois não quero afastar--me das coisas do espírito e nem tornar-me insensível com relação às aflições do próximo. Quero, antes de tudo, conservar a minha personalidade, ser o que eu me sinto bem em ser; ser aquilo que a minha consciência, o meu espírito, aceitam como justo.

Espero que você tenha compreendido o sentido das minhas palavras e que, portanto, esteja menos decepcionado do que demonstrou. Creio que agora dormirei em paz, pois descortinei para você o meu espírito tal como ele é; claro que cheio de defeitos, mas com a virtude de querer fazer aquilo que está ao alcance de suas possibilidades.

Não me desampare, querido irmão, pois necessito muito do seu conforto espiritual. Da sua irmãzinha,

Lélia

Rio 31/VII/1954

P. S. Perdoe-me se não lhe falei verbalmente; porém expresso-me melhor escrevendo.

ESTA OBRA FOI COMPOSTA POR MARI TABOADA EM DANTE PRO E IMPRESSA
EM OFSETE PELA LIS GRÁFICA SOBRE PAPEL PÓLEN BOLD
DA SUZANO S.A. PARA A EDITORA SCHWARCZ EM OUTUBRO DE 2024

A marca FSC® é a garantia de que a madeira utilizada na fabricação do papel deste livro provém de florestas que foram gerenciadas de maneira ambientalmente correta, socialmente justa e economicamente viável, além de outras fontes de origem controlada.